KB220568

공덕을
꽃 피우다

공덕을
꽃 피우다

광우 스님 지음

**불교를 통해
어떻게 행복을 얻을 것인가**

스토리닷

불교TV BTN에서 방송되는 '소나무(소중한 나, 무한 행복)' 중에서
2016년 한 해 동안 방영된 내용 가운데 몇 가지를 간추려
책으로 엮게 되었습니다.

이 책의 좋은 점이 있다면 모두 부처님의 가피이고,
이 책의 못난 점이 있다면 모두 저의 부덕입니다.
〈공덕을 꽃 피우다〉를 읽고 한 분이라도 부처님 가르침에
믿음을 일으키거나, 기쁨을 느끼는 분이 있다면,
그 모든 공덕을 일체 중생에게 회향하겠습니다.

두 손 모아 다음과 같이 불러봅니다.

"나 자신이 행복하기를 발원합니다.
나의 가족들이 행복하기를 발원합니다.
나와 친한 이들이 행복하기를 발원합니다.
나를 괴롭힌 사람들이 행복하기를 발원합니다.

친하거나 원수거나 할 것 없이
모든 중생들이 행복하기를, 성불하기를,
진심으로 발원합니다."

광우 합장

우리 마음에도
밭이 있다고 합니다.
콩을 심으면 콩이 나듯,
선업의 씨앗을 심으면
행복이라는 열매가 열립니다.
선업의 열매, 이것을 '행복'이라고 합니다.
마음에 나쁜 의도를 가지고 업을 지으면
불행이라는 열매가 열립니다.
선업을 심으면 행복이 생기고,
악업을 심으면 불행이 생깁니다.
이것을 인과응보라고 합니다.

1장

복은 삶의 곳곳에
발휘되는 힘이다

선업의 힘으로
행복을 이루다

여러분, 세상에서 가장 소중한 존재는 누구일까요? 네, 바로 자기 자신입니다. 세상에서 가장 소중한 영순위는 바로 나 자신입니다. 물론 어떤 분들은 이렇게 말씀하시는 분도 계실 것입니다. "스님, 저는 저보다 우리 가족이 더 소중합니다. 저는 저보다도 제 아내가 더 소중합니다. 혹은 저는 저 자신보다도 제 남편이 더 소중합니다"라고 말씀하시는 분들도 계십니다. 그리고 많은 부모님들은 자신보다도 자식을 더 사랑하십니다. 그렇기 때문에 자식만은 잘 되기를 바라는 마음으로 당신은 힘들고 배고파도 뒷바라지를 열심히 하시는 분들을 우리 주위에서 어렵지 않게 볼 수 있습니다.

그런데 우리는 여기서 한 가지 짚고 고민해 볼 필요가 있습니다. 나 자신보다도 가족이 더 소중한 분들, 한 번 생각해 보세요. 누구의 가족이니까 더 소중한 거죠? 그렇죠! 내 가족이니까, 나의 가족이니까, 소중한 것입니다. 결국 이 모든 소중한 것들은 결국 나 자신과 내 것이라는 틀 안에 있음을 확인해 볼 수 있습니다. 결국 내 것이라는 것의 핵심은 '나, 나 자신'이 뿌리이기 때문에, 세상에서 가장 소중한 것은 '나'라는 틀에서 벗어날 수가 없습니다. 질문 하나 드려볼게요. 유명 연예인과 내 자식이 물에 빠졌습니다. 여러분은 둘 중 누구를 건지겠습니까? 당연히 내 자식이죠. 그러니까 이 세상에서 가장 소중한 것은 나 자신일 수밖에 없습니다.

나 자신이
세상을 살아가는 목표

자, 그래서 세상에서 가장 소중한 존재가 바로 나 자신이라면 나 자신이 이 세상을 살아가는 목표는 무엇일까요? 바로 행복입니다. 어떤 분들은 "명예입니다, 돈입니다, 모험입니다, 사랑입니다"라고 말씀하시는 분들도 계십니다. 지금 방송 제목인 〈소나무〉를 풀면 '소중한 나, 무한 행복'인데요. 결국 '우리

공덕을 꽃 피우다

는 행복해지겠다'는 희망과 목표를 가지고 저마다 살아갑니다. 동감하십니까? 오늘도 모든 존재가 행복을 위해 살아가고 있습니다.

그런데 정말 무한한 행복을 얻을 수 있을까요? 여러분도 궁금하시죠? 부처님께서는 행복을 어떻게 얻을 수 있다고 말씀하셨을까요? 부처님께서는 세상에 펼쳐진 현상에는 반드시 원인이 있다고 하셨습니다. 행복도 불행도 반드시 원인이 있다고 하셨습니다. 부처님께서는 모든 행복과 불행의 원인을 '업(業)'이라고 하셨습니다. 여러분, 업이란 얘기 많이 들어보셨죠? 왜 어르신들이 내가 이렇게 안 되는 이유는 "내 업보다, 내 업이다"하는 얘길 들어보셨을 겁니다. 이 업이란 원래 불교 용어인데요. 그런데 업이 뭐냐고 여러분들에게 물어보면 대답이 잘 안 나와요.

업에 대해서 제가 간단하게 설명을 드릴게요. 업에 대해서 제대로 설명을 하자면 일주일 반나절을 설명해도 다 설명하기가 어렵지만, 부처님께서는 '의도'라고 하셨습니다. 즉 내가 어떤 의도를 가지고 몸과 말과 생각으로 행위를 일으켰을 때 이것을 업이라고 한다고 말씀하셨습니다. 어떤 의도를 가지고 행위를 일으킨다고 했을 때 좋은 생각으로 행위를 일으켰다면 그것을 뭐라고 할까요? 네, 선업이라고 합니다. 반대로 나쁜 생각으로 행위를 일으켰다면 그것은 뭐라고 할까요? 그렇죠.

악업이라고 합니다.

여러분, 그동안 살면서 착한 일을 많이 하셨나요? 아니면 나쁜 일을 많이 하셨나요? 몸과 입과 생각으로 저 사람을 도와줄 때 그 업을 선업이라고 합니다. 반대로 몸과 입과 생각으로 저 사람에게 나쁜 업을 일으켰다고 하면 그것을 악업이라고 합니다. 여러분, 사과 씨앗을 심었는데, 배가 난 걸 보신 분? 반대로 배 씨앗을 심었는데 사과가 난 것을 본 분? 없죠. 콩 심은 데 콩 나고, 팥 심은 데 팥이 나는 것과 같은 이치입니다. 우리 마음에도 밭이 있다고 합니다. 콩을 심으면 콩이 나듯, 선업의 씨앗을 심으면 행복이라는 열매가 열립니다. 선업의 열매, 이것을 '행복'이라고 합니다. 마음에 나쁜 의도를 가지고 업을 지으면 불행이라는 열매가 열립니다. 선업을 심으면 행복이 생기고, 악업을 심으면 불행이 생깁니다. 이것을 인과응보라고 합니다.

인과응보 육도윤회

여러분 전생 믿어요? 안 믿어요? 불교에서는 태어남과 죽음을 반복하는 '윤회(輪廻)'라는 수레바퀴가 있다고 합니다. 삶과 죽음의 이 수레바퀴를 육도윤회라고 합니다. 육도라고 하니 몇

공덕을 꽃 피우다

개겠어요? 여섯 개겠죠? 사는 동안 여러분이 지은 선업과 악업이 다 저장이 된다고 합니다. 그래서 여러분이 죽으면 여러분이 평소에 지은 업에 따라 다시 태어난다고 합니다. 평생을 나쁜 짓만 하고 살았어요. 그러면 지옥계에 태어납니다.

다음으로 지옥에 갈 정도로 나쁜 짓은 하지 않았지만 평생 자신만 위하고 산다면 그 사람은 그 업의 원인으로 아귀계에 태어난다고 합니다. 어리석은 몸과 말과 생각을 갖고 살았던 존재는 축생계에 태어난다고 합니다. 왜 그래서 어르신들이 게으름을 피우면 "너 그렇게 밥만 먹고 잠만 자면 소로 태어난다"고 말씀하시잖아요.

여러분, 평소에 화 많이 내세요? 안 내세요? 화, 신경질을 많이 내는 사람은 다음 생에 독사로 태어날 확률이 높다고 합니다. 화는 독입니다. 그러니 오늘부터 화를 내지 말아야 합니다. 화를 내는 것을 살펴보면 화를 내서 내 속이 시원해지는 게 아니라, 오히려 내 마음에 분노, 화가 활활 타오르는 것을 알 수 있습니다. 불교에 재미있는 얘기가 있습니다. 화를 내지 않는 사람은 다음 생에 아름다운 외모를 얻는다고 합니다.

여러분, 스님이 너무 잘생기면 될까요? 안 될까요? 스님이 너무 잘 생기면 수행하는 것에 방해가 됩니다. 그래서 저는 수행에 방해가 되지 않도록 가끔 화를 냅니다. 웃자고 하는 말입니다. 그러니 다음 생에 아름다운 외모를 얻고 싶다면 화를 내지 않으면 됩니다. 제가 만든 말이 아닙니다. 다 경전에 나오는 얘기입니다.

이제 네 번째입니다. 승부심이 강하고 자존심이 높으면 아수라계, 싸움의 신으로 태어날 확률이 높다고 합니다. 그러니 마음을 항상 부드럽게 가지셔야 합니다. 그 다음, 살면서 큰 나쁜 짓을 하지 않고, 적당히 착한 일을 하면서 살아가면 다음 생에 인간으로 태어날 확률이 높다고 합니다. 어쨌든 인간으로 태어났다면 전생에 선업을 많이 지었다는 증거입니다. 그러니 사람의 존재는 소중합니다. 그리고 마지막으로 선업을 엄청나게 많이 짓고, 착한 일을 많이 하면 다음 생에 천상에 태어난다고 합니다.

불교에서는 천상이 스물여덟 개, 이십팔천이 있다고 합니다. 그걸 다 설명하려면 끝이 없어요. 그래도 천상이 몇 개 정도 있는지 기억해주시면 좋겠습니다. 지옥, 아귀, 축생, 수라, 인간, 천상 모두 몇 개죠? 여섯 개, 그래서 육도입니다. 중요한 게 있습니다. 지옥에 한 번 떨어지면 그곳에서 계속 살까요? 아니면 그 업이 다 하면 거기에서 나오게 될까요? 네, 나오게 됩니다. 불교에서는 천상과 지옥의 세계가 끝이 아닙니다. 이렇게 지옥에서 천상을 끊임없이 돌고 도는 불완전한 존재를 중생이라고 합니다. 불교에서는 천상에 태어나는 것을 목표로 삼는 것이 아니라 깨달음을 얻어 윤회를 벗어나는 것이 목표

공덕을 꽃 피우다

입니다.

　행복과 불행의 원인을 뭐라고 했죠? 네, 업이라고 했습니다. 선업과 악업의 힘에 의해서 다음 생이 결정된다고 했는데요. 어느 정도의 선업을 쌓아야 다음 생에 인간으로 태어난다고 해요. 하지만 같은 인간도 사는 모습이 다 다르죠? 요새말로 다이몬드 수저, 금수저라는 말이 있잖아요. 또 어떤 사람은 공부를 잘 하기도 하지만, 그렇지 않은 사람도 있어요. 같은 사람이지만 살아가는 모습이 다 달라요. 인간이라는 공통된 업을 공업(共業)이라 하고, 이렇게 같은 인간이지만 다른 모습으로 사는 것을 일컬어 별업(別業)이라고 합니다.

　그래서 부처님의 제자 중 아난 스님이 "거룩하신 부처님이시여, 어떤 중생은 행복하게 살아가고 어떤 중생은 불행하게 살아갑니까? 살아가는 모습이 이와 같이 차이가 나는 이유는 무엇입니까?"하고 물었을 때 부처님은 한글자로 말씀하셨습니다. "그게 각자의 업이니라."

오계,
모든 불제자라면 꼭 지켜야 할 다섯 가지 계율

부처님께서 중생들이 선업을 짓도록 몸과 말과 생각을 다스리는 법을 가르쳐 주셨습니다. 그것을 구체적으로 체계화하여 제시한 것이 계율입니다. 계율에는 여러 종류가 있지만 불제 자가 꼭 지켜야 할 다섯 가지 계율이 오계(五戒)입니다.

살생을 많이 하면 단명을 하거나 몸이 아프게 됩니다. 주위 에 그런 분들이 있습니다. 법 없이도 살 분인데 일찍 돌아가시 는 분이 계십니다. 불교에서는 이렇게 가르칩니다. 단명하는 것은 전생에 살생을 많이 한 과보라고 말입니다. 또 어떤 분들 은 노력을 해도 돈이 모이지 않는 분들이 계십니다. 제가 아시 는 분 중에 삼겹살 장사를 했는데 돼지 콜레라가 돌아서 망하 게 되고, 치킨 장사를 했더니 조류독감이 돌고, 마지막으로는 구제역이 터지게 됩니다. 여름이라서 에어컨 장사를 했더니 그 해 여름은 정말 시원했다고 합니다. 큰스님이 이 얘기를 듣 고 그분에게 "자네는 말아먹는 게 재주니 국수장사를 하시게" 하는 웃지 못할 얘기를 하셨다고 해요. 이런 분들은 전생에 재 복을 짓지 않았거나 빚이 많아서 그렇다고 합니다. 여러분, 돈 을 빌렸는데 돈을 갚지 않았다면 다음 생에라도 반드시 다 갚 아야 합니다. 그러니 이번 생에 꼭 갚으시길 바랍니다.

다음으로 삿된 음행 하지 말라고 하는데, 바람피우지 말라 는 얘기입니다. 바람피우는 과보는 이번 생에 좋지 못한 가정 에 태어난다고 합니다. 제가 만든 말이 아닙니다. 다 경전에 나오는 말입니다. 거짓말을 많이 하면 이번 생에 사람들에게

속임을 당하고 상처받는 말을 많이 듣게 된다고 합니다. 스님들이 공부하는 사미율의(沙彌律儀 - 처음 승려가 된 사미가 지켜야 할 십계와 크고 작은 행동거지를 서술한 책)를 보면 이런 사람은 죽어서 똥물 지옥에 떨어지거나 사람으로 태어나도 머리가 우둔하게 태어난다고 합니다. 요새 어른 스님들이 술에 관해 현대인들에게 술을 마시되, 취하지 말고 기분이 좋을 정도만 마셔라 합니다. 여러분의 삶을 한 번 비춰보세요.

행복과 불행의 결과는 내가 지은 업의 결과라는 것을 명확하게 이해하셔야 합니다. 불교의 인과법을 안다면 내 앞에 펼쳐진 삶을 스스로 개척할 수 있습니다. 오로지 우리 자식 잘되게 해달라고 비는 게 불교가 아니라는 것이지요. 이와 같이 불교의 윤회법과 인과법을 깊이 사유하고 바르게 이해하면 행복과 불행이 모두 내가 지은 업의 결과임을 알게 됩니다.

광치의
기름 인연이야기

아득한 머나먼 과거에 부처님이 계셨는데 그 분의 명호는 석가모니 부처님이셨습니다. 수많은 제자들이 있으셨는데 그 중에서 부처님을 시봉하는 시자 스님은 아난이셨습니다. 하루는 석가모니 부처님께서 아난 스님을 불러서 다음과 같이 말씀하셨습니다.

"지금 내가 등에 병이 났으니 마을에 가서 등에 바를 기름을 구해 오거라." 아난 스님이 그 길로 기름을 구하기 위해 마을에 내려가서 우연히 광치라는 이름을 가진 그릇 만드는 도예공을 만나게 되었습니다. 광치는 아주 신심 깊은 불자였습니다. 광치가 아난 존자에게 여쭈었습니다.

"스님이시여, 무슨 볼 일이 있으셔서 마을에 내려오셨는지요." 아난 스님이 광치에게 전후사정을 이야기했습니다. 광치가 정성스런 마음으로 그 기름을 자신이 보시하겠다고 청을 올렸습니다. 곧 집에 가서 가장 귀한 기름을 내어 아난 스님과 함께 부처님이 계신 사원에 갔습니다. 스스로 가져온 기름으로 직접 부처님의 등에 발라드리니 부처님의 병이 나았습니다. 부처님께서 칭찬하시니 감격에 겨워 광치가 다음과 같이 부처님께 서원을 올렸습니다.

"거룩하신 부처님이시여, 이 공덕으로 제가 미래 생에 반드시 부처님이 되기를 발원합니다. 제가 부처님이 될 때, 모든 것에 있어서 지금의 제 앞에 계신 존경하옵는 석가모니 부처님과 전혀 차이가 없이 똑같기를 바라옵니다." 이에 석가모니 부처님께서 허락하시고, 크게 칭찬하시면서 수기를 내려주십니다. 이 공덕과 발원의 힘으로 광치 우바새는 오랜 세월동안 수많은 부처님 밑에서 수행하면서 모든 지혜와 복덕을 완성하신 뒤에 이 세상에 출현하셨으니, 그 분이 2600여 년 전 인도에 태어나 세상에 불법을 널리 전하신 석가모니 부처님이십니다.

광치 우바새는 부처님 등에 한낱 기름을 발라드린 공덕으로 다음 생에 부처가 되길 발원하였습니다. 여기에 엄청난 큰 비밀이 있습니다. 다른 게 아니라 기름을 발라드린 작은 공덕으로 부처가 될 수 있던 첫 걸음이 될 수 있었다는 것입니다. 이와 같이 인과응보가 엄연합니다. 행복과 불행은 자신이 지은 업의 결과라는 것을 잊지 마시기 바랍니다.

행복과 불행의 결과는
내가 지은 업의 결과라는 것을
명확하게 이해하셔야 합니다.
불교의 인과법을 안다면
내 앞에 펼쳐진 삶을 스스로 개척할 수 있습니다.
오로지 우리 자식 잘되게 해달라고 비는 게
불교가 아니라는 것이지요.
이와 같이 불교의 윤회법과 인과법을
깊이 사유하고 바르게 이해하면
행복과 불행이 모두
내가 지은 업의 결과임을 알게 됩니다.

삼보에 귀의하면
행복을 얻는다

우리가 부처님의 제자를 불제자라고 부릅니다. 이를 줄여서 불자라고도 부릅니다. 그런데 많은 분들이 절에만 다니면 불자라 생각하시는 분들이 계십니다. 또 부모님이 절에 다니시면 자식인 자신도 불자라 생각하는 분들이 있어요.

"스님, 절에 다니고 가끔 연등도 올리면 불자 아닙니까? 스님, 제가 불교를 좋아합니다. 그래서 불경도 보고 불교 책도 보고, 불교 TV도 봅니다. 그러면 불자 아닙니까?" 그러는데, 사실 이렇게 한다고 해서 반드시 불자라고 말할 수는 없습니다. 불자가 되기 위해서는 기본적인 요건이 있습니다. 무엇일까요? 불법승(佛法僧 - 부처님, 부처님 말씀, 스님) 삼보(三寶 - 세 가

　　　　　　　　　　　　　　공덕을 꽃 피우다

지 보물)에 귀의해야 합니다. 그래야 진정한 불자입니다. 여기에서 '삼보에 귀의한다'는 의미는 불법승에 귀의한다는 뜻입니다. 그래서 법회 시작을 할 때 "거룩한 부처님께 귀의합니다. 거룩한 가르침에 귀의합니다. 거룩한 스님들께 귀의합니다" 하고 삼귀의를 합니다.

자, 그러면 왜 부처님과 부처님의 가르침과 스님을 삼보라고 했을까요? 여러분, 보석 좋아하시죠? 금, 은, 수정, 사파이어, 다이몬드 좋아하시죠? 하지만 이런 보석들은 언젠가는 깨지고 사라집니다. 그런데 부처님과 부처님의 가르침과 스님들께 돌아가 의지하는 삼보에 귀의한 공덕은 죽은 뒤에도 복이 되고, 선업이 되고, 공덕이 됩니다. 그러니 죽은 뒤에도 그 공덕이 너무나 뛰어나서 나에게 무한한 행복을 주기에 세 가지 보배라 하는 것입니다. 그러니 이 불, 법, 승 삼귀의를 해야 진정한 불자가 되는 것입니다. 이 삼귀의를 하지 않으면 절에 자주 가도 불자라 할 수 없습니다.

그러면 어떻게 삼귀의를 해야 할까요? 그 방법은 아주 간단합니다. 부처님 앞이나 스님 앞에서 경건한 마음으로 '거룩한 부처님께 귀의합니다. 거룩한 가르침에 귀의합니다. 거룩한 스님들께 귀의합니다'라는 맹세를 합장하고 세 번만 소리 내면 그 자리에서 바로 삼보에 귀의하게 되는 것입니다. 혹시 불상이 없거나 스님을 만나 뵙기 어려우면 조용한 곳이나 자기

방의 깨끗한 곳에서 정성스런 마음으로 부처님을 생각하며 삼귀의를 맹세하면 불법승 삼보에 귀의하게 된다고 합니다.

불자가 되는
가장 중요한 기본 요건

삼귀의를 하면 어떤 공덕이 있을까요? 첫째, 진정한 의미의 불자가 됩니다. 진짜 불자가 되는 것입니다. 둘째, 모든 계율의 기초가 됩니다. 불교의 오계 들어보셨어요? 오계 다음에는 팔계, 십계가 있습니다. 그리고 남자스님(비구)이 받는 250개의 계율이 있고요. 여자스님(비구니)이 받는 348개의 계율이 있습니다. 또 출가자나 재가자가 공통으로 받는 보살계가 있어요. 계율도 종류가 많죠? 이 모든 계율의 기초가 되는 것이 이 삼귀의라는 것이에요. 삼귀의가 모든 계율의 기초가 되는 것입니다. 셋째, 불법승 삼보에 귀의하면 업장 소멸이 빨리 된다고 해요. 꿈자리가 어지럽다는 분은 오 분만이라도 불법승 삼보에 귀의한다고 암송하고 잠자리에 들면 꿈자리도 좋아집니다. 아시겠죠?

자, 업장 소멸이 잘 되니 그 자리에 무엇이 자꾸 쌓일까요? 그렇죠. 복이 자꾸 쌓입니다. 절에 열심히 다니고, 기도 열심히

공덕을 꽃 피우다

하고, 불법승 삼보에 귀의하신다는 분들이 갑자기 일이 잘 풀린다는 분들이 아주 많아요. 그러니 불법승 삼보에 귀의하시길 바랍니다. 또 불법승 삼보에 귀의하면 죽은 뒤에 나쁜 곳에 태어난다? 태어나지 않는다? 불법승 삼보에 귀의하면 지옥에 태어나지 않고, 좋은 곳에 태어난다고 합니다. 그리고 불법승 삼보에 귀의하게 되면 영적인 보호를 받게 된다고 합니다. 어떤 보이지 않는 보호를 받는다고 합니다. 이것과 관련된 얘기가 무궁무진해요.

여러분들도 한 번 경험해보시길 바랍니다. 또 이번 생이 아니어도 다음 생에라도 깨달음을 빨리 얻는다고 합니다. 불법승 삼보에 귀의하면 이와 같은 훌륭한 공덕이 있습니다.

부처님 경전에 〈우바새계경〉이라고 있습니다. 거기에 이렇게 나옵니다. "만약 어떤 사람이 부처님과 부처님 가르침과 스님들께 정성스런 마음으로 귀의하면 앞으로 올 미래에 얻을 복과 공덕은 감히 헤아릴 수가 없다. 예를 들면, 어느 나라가 있는데 그 나라에 큰 보물 창고가 있다. 그 보물 창고에 엄청나게 많은 보물들이 있는데 그 나라의 모든 국민들을 동원해서 7년 동안 옮긴 보물의 양보다도 불법승 삼보에 귀의한 공덕이 천만 배 더 뛰어나다"고 합니다.

또 〈십이인연경〉에는 "우리 중생들에게는 세 가지 바라는 것이 있다. 첫째가 건강함이요, 둘째가 편안함이요, 셋째가 오래 사는 것"이다. 그런데 우리의 삶이 그렇습니까? 그렇지 못합니까? 그래서 부처님께서는 "늙음은 건강의 적이요, 질병은 편안함의 적이요, 죽음은 오래 사는 것의 적이다. 늙고 병들고 죽는 그 근원적인 고통에서 벗어나려면 불법승에 귀의하라"고 〈십이인연경〉에서 설하고 계십니다. 그러면 어떻게 늙고 병들고 죽는 것에서 벗어날 수 있을지 제가 재미있는 얘기를 들려드리도록 하겠습니다.

절복나한경(折伏羅漢經) 이야기

우리 불교에도 천당, 천국이란 곳이 있습니다. 하지만 이곳은 영원하지 않고 복이 다하면 하늘에서 다시 떨어져 윤회를 한다고 해요. 불교에서는 하늘세계가 스물여덟 개가 있다고 합니다. 그 중에 도리천이라는 하늘세계가 있습니다. 도리천을 흔히 삼십삼천이라 부르는데요. 굉장히 쾌락이 넘치는 하늘세계가 있어요. 이곳에 사는 천신이 수명이 칠일이 남았대요. 그런데 천신들은 기본적으로 천안통(天眼通 - 세간(世間) 일체의 멀고 가까운 모든 고락의 모양과 갖가지 형(形)과 색(色)을 환히 꿰뚫어 볼 수 있고, 자기와 남의 미래세에 관한 일을 내다볼 수 있는 신통한 능력)이 이 있어요. 천안통의 힘으로 자신이 어떤 세상으로부터 천상

공덕을 꽃 피우다

세계에 태어났는지 알 수 있고, 이번 생에 다음에는 어떤 곳에 태어날지 정도는 알 수 있대요. 그래서 살펴보니, 돼지로 태어나더랍니다.

왜 그런가 하고 보니, 천상에서 복의 힘이 다 떨어져서 이제 돼지로 태어나는 거예요. 그러니 자꾸 새로 복을 짓고, 복을 아낄 줄 알아야 해요. 이 천신이 다음 생에 돼지로 태어난다고 하니 기분이 안 좋은 거예요. 옆에 친구 천신이 그 천신에게 "저 인간세계에 부처님께 여쭈어라. 그러면 좋은 방법을 알려주지 않겠느냐?" 하니 그 천신이 그 말에 인간세상으로 내려와 부처님께 "제가 수명이 칠일 밖에 남지 않았는데, 복이 다하여 돼지로 태어난다고 합니다. 제발 저를 제도하여 주십시오" 하니 부처님께서 "천신이여, 칠일 동안 오로지 부처님, 부처님 가르침, 스님들께 귀의하겠다는 삼귀의를 염송해라"고 가르칩니다. 그래서 그 말을 들은 천신은 천상계로 올라가 자신의 천궁에서 벽만 보고 "거룩하신 부처님께, 가르침에, 스님들께 귀의합니다" 하고 삼귀의만 외웁니다.

칠일이 지났어요. 천신이 죽었을까요? 안 죽었을까요? 죽었어요. 죽었는데, 내가 지은 업과 복은 누가 받는다고 했죠? 내가 받죠. 수명이 칠일이 남았다는 것은 이번 생의 업이었고, 그 업으로 돼지로 태어나는 것이 이 천신의 운명이었는데 그 칠일 간 기도의 복으로 인간세상 부잣집에 태어났대요.

그래서 온갖 귀여움과 온갖 정성스러움으로 무럭무럭 자라서 이 아이가 일곱 살이 됩니다. 어느 날 부모님과 함께 길을 걷고 있는데, 부처님의 제자인 사리불 존자를 만나게 됩니다. 지혜제일 사리불 스님이 걷고 있으니 아이가 그 스님을 보며 홀연히 전생을 기억해요. 사리불 존자에게 그 아이가 삼배를 올려요. 여러분, 아들을 낳았는데 저기 터미널에서 광우 스님을 만나더니 삼배를 올려요. 그러면 마음이 어떻겠어요? 당황스럽겠죠. 그러니 아이가 부모님께 "놀라지 마십시오. 실은 제가 저 도리천에 천신이었는데, 복을 다 까먹어서 돼지의 몸을 받을 것을 부처님의 가르침으로 인간 몸을 받게 되었습니다. 제가 이렇게 좋은 몸을 받은 것은 다 부처님 덕입니다. 그러니 부모님, 그 은혜를 갚고 싶습니다. 저희 집에 부처님과 스님들을 모시고 공양을 올렸으면 합니다"하고 말하자 부모님이 감동을 받아 부처님과 스님을 모셔와서 공양을 올립니다. 공양을 다 마치시고 부처님께서 법문을 하니 그 법문을 듣고 그 부모님과 아이 모두가 깨달음을 얻었다는 얘기가 경전에 나옵니다.

여러분 전생을 믿어요? 안 믿어요? 믿어요? 그 일곱 살 난 아이가 사리불 스님을 보고 전생이 생각났다고 했잖아요. 그런데 그런 일이 정말 가능할까 하는 일이 있어요. 제가 모셨던 선배 스님께서 스님의 사형, 사제 스님들과 중국 사찰 순례를 가다가 중국 시골 암자에 갔는데, 사형 스님이 갑자기 흥분

　　　　　　　　　　　　　　공덕을 꽃 피우다

을 하면서 암자를 막 돌아다니더래요. "스님, 왜 그러세요?"하고 물으니 "내가 머리 깎고 출가하기 전 꿈을 꾸면 항상 똑같은 절이 보였어요. 그래서 내가 부처님과 인연이 있나 보다 했는데 한국에 있는 모든 사찰을 다 돌아보아도 그 꿈에서 보았던 절을 찾지 못했는데 그 절을 여기서 보았습니다"하더래요. 그래서 그 중국 절 주지 스님과 얘기를 해보니 옛날에 그곳이 아주 큰 절이었다고 해요. 지금은 아주 작은 절이 된 것에 마음 아파 하며 그 사형 스님이 그 주지 스님께 "전생에 제가 수행하던 절이니 잘 부탁드린다"고 하며 한국 돈으로 크게 시주했다는 얘기가 있어요.

이와 비슷한 얘기가 〈수삼귀의획면악도경(受三歸依獲免惡道經) – 10세기 말 인도 출신의 학승 법천이 번역하였다. 1권으로 된 이 경은 부처님을 믿어야 천상과 같은 좋은 세상에 태어날 수 있다는 것을 설법하고 있다〉에 천상에서 있던 얘기가 나와요. 도리천의 천신이 자기가 죽으려면 칠일 밖에 남지 않는다는 걸 알게 돼요. 어떻게 앞 얘기와 똑같죠? (웃음) 이 천신도 다음 생에 돼지로 태어난다는 것을 알게 돼요. 도리천 천왕에게 "제가 수명이 칠일밖에 안 남았는데, 돼지 몸을 받게 되었습니다. 왕이시여, 제발 저를 좀 살려주십시오" 그랬더니 천왕이 "그대의 업을 바꾸려면 남은 수명 동안 불법승 삼보에 귀의하고 암송을 해야 한다"고 알려줘요.

그 후 도리천왕이 이 천신이 어디에 떨어졌나 너무 궁금한 나머지 축생계에 떨어졌나봤는데, 돼지로 태어나지 않은 거예요. 그래서 인간 세상에 태어났나 하고 봤더니 찾을 수가 없었대요. 그래서 지옥계, 아귀계, 축생계, 아수라계, 도리천인 천상계를 다 봐도 그 천신을 찾을 수 없었대요. 그래서 '이것은 부처님만 이 비밀을 풀 수 있겠구나'해서 도리천 천왕이 부처님을 찾아갑니다. 천왕이 삼배를 올리고 부처님께 자초지종을 아뢰니 부처님께서 "그 천신은 떨어지는 방향을 바꿔서 도솔천(도리천보다 위 세계)에 태어났도다. 너희들은 아래만 볼 수 있어서 위 세계는 보이지 않았던 것이다"라고 설하셨다고 합니다.

불법승 삼보에 귀의한 공덕이 이와 같이 큽니다. 아시겠죠? 그래서 〈제법집요경(諸法集要經) ─ 총 10권 36품으로 구성된 이 경은 탐욕, 분노, 무지 등 세 가지 번뇌와 다섯 가지 욕심을 없애고 좋은 일을 하면 천상에 태어나며 그와 반대로 번뇌에 사로잡혀 나쁜 일을 하면 지옥에 떨어진다는 것을 설법하고 있다〉에 다음과 같은 구절이 나오죠. "만약에 어떤 중생이 정성스런 마음으로 불법승 삼보에 귀의한다면 먼저는 천상에 태어나 즐거움을 얻고, 나중에는 반드시 깨달음을 얻을 것이리라." 불교의 목표는 돈 많이 버는 것도, 천상에 태어나는 것도 아니에요. 불교의 궁극적 목표는 깨달음을 얻는 것입니다. 이 깨달음을 향한 첫걸음이 바로 불법승 삼보에 귀의하는 것입니다.

사라나가마니야 존자 이야기

2600년 전 인도에 석가모니 부처님이라는 분이 세상에 출현하셨습니다. 그런데 석가모니 부처님 전에도 또 다른 수많은 부처님이 계셨습니다. 여러분 불교의 스케일은 이처럼 엄청나게 큽니다. 2600년 전에 불교는 이미 외계인의 존재를 인정했어요. 지구 말고도 또 다른 세계와 중생이 있고 빛이 나는 궁전을 타고 지상에 내려온다는 구절이 경전에 있어요. 진짜 신기하죠? 2600년 전 석가모니 부처님 전에 또 다른 우주, 또 다른 차원과 세계에 석가모니 부처님으로부터 18번째 전 부처님이신 아노마닷시라는 부처님이 계셨어요. 아노마닷시라는 부처님 시대에 어느 젊은이가 있었는데, 그 청년이 진심으로 출가하기를 원해요. 그런데 그 청년이 외아들인지라 장님인 부모님을 모셔야 해서 출가를 할 수 없었어요. 청년은 자신이 전생의 복이 적어서 이렇게 좋지 못한 환경에 태어나 출가를 할 수 없자 고민을 하다가 니사바 스님께 찾아가 어떻게 하면 복을 지을 수 있는지 묻습니다. 그러니 니사바 스님께서 이 청년에게 삼귀의를 하라고 합니다.

그래서 이 청년이 부모님께 열심히 봉양하고 삼보에 귀의해서 항상 깨끗한 삶을 삽니다. 그러다가 이 생을 마감했는데, 불법승 삼보에 귀의한 공덕과 부모님을 잘 봉양한 공덕으로 하늘세계 신으로 태어납니다. 제석천왕으로 태어나요. 도교에서 말하는 옥황상제로 태어난 거죠. 그 복이 너무나 뛰어나서 제석천왕으로 80생을 살았대요. 그 복이 다해서는 인간세상에서 태어나 큰 천하를 다스리는 황제로 75생을 살았대요. 와, 왕으로 한 번만 살아도 원한이 없겠는데 말이죠. 이 황제의 삶을 마감한 다음에는 작은 나라의 왕으로 살았는데, 그 기간은 알 수 없을 만큼 길었대요.

마지막으로, 그 청년이 어떤 삶을 사는 게 소원이었죠? 2600여 년 전 석가모니 부처님 시대 때 큰 부잣집 아들로 태어나요. 그러니 옥이야, 금이야 부모님이 얼마나 잘 키웠겠어요? 그런데 일곱 살에 부모님과 함께 사찰에 가서 스님들을 보는 순간 가슴이 울렁거리는 거예요. 자신도 모르게 부모님께 "어머님 아버님, 스님들께 삼귀의를 받고 싶습니다" 하더래요. 복과 선업과 공덕의 힘이 꽃을 피우는 거예요. 그 사찰의 큰스님께서 뚜벅뚜벅 나오셔서 그 아이를 법당에 앉혀서 삼귀의를 내리는 순간 그 자리에서 깨달음을 얻었다고 합니다. 〈제법집요경〉에서 나오듯 천상에 태어나 쾌락을 누리고 나중에는 깨달음을 얻게 된다고 했잖아요. 그 일곱 살 난 아이가 깨달음을 얻고 부모님께 청을 합니다. "어머님 아버님, 그동안 저를 키워주셔서 고맙습니다. 저는 제가 가야 할 곳을 알았습니다. 저는 출가 수행자의 길을 가겠습니다. 허락해주십시오"했답니다. 그 아이 부모님도 출가를 허락해서 그 후 그 아이가 큰스님이 됐다는 얘기가 전해오고 있습니다.

　여러분, 아셨죠? 깨달음을 얻기 위한 첫걸음은 삼귀의 하는 것입니다. 여러분, 불교는 대박입니다. 여러분 로또 사보신 적 있으세요? 저는 로또를 사본 적이 없어요. 로또는 될 수도 있고, 안 될 수도 있지만 불법승 삼보에 귀의하고 불자의 삶을 살면서 기도하고 복을 많이 지으시면 이번 생에 당장 효과가 나타나지 않을지라도 다음 생에 천상에서 쾌락을 누리다가 궁극에는 깨달음을 얻게 된다고 합니다. 그러니 불교야말로 최고의 로또입니다. 로또는 로또인데 될 수도 있고 안 될 수도 있는 로또가 아니라 그 복을 내가 받는 로또입니다.

　이번 생에 사람 몸으로 태어난다는 것은 전생에 복이 있어서 입니다. 복이 조금만 부족해도 주변에서 보는 개나 고양이로 태어날 수 있어요. 그러니 이번 생에 사람 몸으로 태어나고, 이번 생에 불법을 만나서, 이번 생에 불법승 삼보에 귀의해서 수행을 할 수 있다는 것은 전생에 엄청난 선업을 지었다는 증거입니다. 결코 여러분의 삶을 허송세월 하시지 마십시오.

아나율 존자는 부처님께
"거룩하신 세존이시여,
분명히 저는 이렇게 생각했습니다.
세상에 복을 짓고자 하는 사람이 있다면
제 바늘에 실을 꿰어주기를 생각하고 있었습니다.
그런데 부처님께서는
모든 복과 지혜를 완성하셨는데,
따로 어떤 복을 짓기를 원하시기에
제 바늘에 실을 꿰어주신다고 하십니까?"

그러자 부처님께서는
"아니다. 아나율이여, 그런 말을 하지 말아라.
아나율이여, 세상의 복을 구하는 자 가운데
부처인 나보다 더한 사람은 없다"고 말씀하셨습니다.

세상에서 가장 강한 것이
무엇이라고 생각하십니까?

세상에서 가장 강한 것은 무엇일까요? 그 전에 강한 사람을 일컬어 장수라 비유합니다. 힘 센 사람을 보면 우리가 뭐라고 해요? "나중에 천하장수가 되겠네" 하죠? 장수에도 여러 종류의 장수가 있습니다. 첫째, 힘이 세고 용맹한 장수가 있습니다. 둘째, 머리가 뛰어난 장수가 있습니다. 셋째, 가슴으로 사람들을 이끄는 장수가 있습니다. 그래서 힘이 세고 용맹한 장수를 용장이라고 부릅니다. 머리가 뛰어나고 지식이 뛰어난 장수를 지장이라고 부릅니다. 그러면서 가슴으로 사람을 품을 수 있는 장수를 덕장이라고 부릅니다. 우리가 그래서 흔히 '용장 위에 지장 있고, 지장 위에 덕장있다'는 말을 하지 않습니까?

공덕을 꽃 피우다

그런데 덕장보다 더 높은 장수가 있대요. 바로 복이 있는 장수, 복장이라고 합니다. 용장 위에 지장 있고, 지장 위에 덕장 있고, 덕장 위에 복장이라고 합니다. 복은 무엇일까요? 바로 하늘의 운이라고 합니다. 바로 하늘의 운을 갖고 태어나서 하늘에서 보호해주는 것이라고 합니다.

칭기스칸 이야기

여러분 칭기스칸 알죠? 칭기스칸이 몽골에서 태어났는데 젊었을 때 큰 전쟁이 일어났다고 합니다. 독화살이 날아와서 칭기스칸의 목을 꿰뚫었다고 합니다. 우리 같으면 죽었을 거예요. 그런데 칭기즈칸은 살아났어요. 독화살이 목을 꿰뚫는 갖가지 위험에서도 살아나죠. 이런 사람을 복장이라고 합니다.

여러분 〈삼국지〉 다 읽어보셨죠? 삼국에서 지혜가 가장 뛰어난 장수가 누구였죠? 네, 제갈공명이었죠. 제갈공명이 지혜가 가장 출중하다고 하는데, 위나라의 사마의라는 인물을 발견하게 돼요. '저 사마의를 꺾어버리지 않으면 언젠가는 우리 촉나라에 큰 화근이 될 것이다. 그래서 저 사마의를 죽여야겠다'고 생각합니다. 그래서 사마의 병사들을 계곡에 다 몰아놓고 불화살을 날립니다. 수많은 병졸들이 다 타죽습니다. 참 전쟁은 끔찍합니다. 그 불길이 점점 다가와서 사마의가 타서 죽을 찰라에 하늘에서 엄청난 폭우가 쏟아졌대요. 그래서 불길이 사그라들어서 사마의가 가까스로 그 불길을 빠져나가서 살게 됩니다. 그 일로 제갈공명은 "일은 사람이 도모하지만 성패는 하늘에 달려있다"라는 아주 유명한 말을 남기게 됩니다. 하늘의 운이 따르는 장수를 누구라고 한다고요? 복장인데요. 복이 있는 장수, 복이 있는 사람은 이기기가 힘듭니다.

제가 예전에 책을 봤는데요. 어떤 내용인가 하면 어떤 학자가 세상에 있는 억만장자 그 중에 자수성가를 한 사람들을 대상으로 그들의 성공비결에 대해서 연구한 책이었어요. 그 사람 스스로 호기심이 일어났나 봐요. 저 사람은 어떤 비법이 있기에 억만장자가 됐을까 비법을 하나하나 묻습니다. 이런 주제에 대해 그 사람이 몇 십 년 동안 연구한 책을 읽어봤어요. 그랬더니 별 내용이 없어요. 다 우리가 아는 내용이더라고요.

첫째, 책을 많이 읽었다고 해요. 여러분 책 많이 읽으세요? 아무리 바쁜 와중에도 반드시 책을 가까이했다고 합니다. 그 다음은 두 번째로 운동을 많이 했다고 합니다. 체력이 받쳐주지 못하면 일을 할 수 없었겠죠. 그 다음에는 특이할 만한 게 항상 긍정적인 사고방식을 가졌다고 해요. 사업을 하다보면 좋은 일이 생길 때도 있고, 좋지 않은 일이 생길 때도 있는데 긍정적인 생각을 잃지 않았다고 합니다. 그런데 그 중에도 제가 깜짝 놀랄만한 일이 있었는데 사실 운이 따랐다고 합니다. 행운이 따라줬다고 합니다. 무엇인가 일이 잘 안 될 거 같았는데 어떤 사람들이 도와준다거나, 어떤 일이 일어나서 그 일을 모면했다거나 그랬다고 합니다.

행운, 여러분 이 행운을 동양에서는 뭐라고 부를까요? 복이라고 부릅니다. 아까 장수 중에서도 가장 뛰어난 장수를 누구라고 했죠? 복장이라고 했죠. 아까 성공한 CEO들도 한결같은 성공비법을 뭐라고 했죠? 행운이라고 했어요. 우리가 무엇인가를 진행하면서 어떤 성취를 이루려면 밑바탕에 복이 좀 있어야 해요.

그럼 중요한 것, 복은 누가 짓는 것일까요? 누가 복을 주는 것일까요? 복은 내가 짓는 것입니다. 내가 지은 복, 선업에 의한 행복한 결과를 복이라고 합니다. 여러분들은 복이 많으신 것 같아요? 적으신 것 같아요? 한 번 내가 살아가면서 복이 많은 삶이었나, 복이 적은 삶이었나 스스로 판단할 수 있는 지혜가 필요합니다. 복은 불교에서 굉장히 중요하게 생각하는 핵심 중 하나입니다. 많은 사람들이 복을 우습게 생각하는 경향이 있지만 부처님께서도 복을 아주 중요하게 생각하셨습니다.

아나율 존자 이야기

2600년 전 석가모니 부처님 시대에 부처님이 설법을 하고 계실 때, 아나율 존자가 맨 앞에서 꾸벅꾸벅 졸고 있었대요. 그래서 부처님께서 아주 호되게 꾸중을 하셨대요. 여러분, 여러분의 자식이 잘못을 할 때 매를 들 때가 있죠. 왜 그래요? 사랑하는 마음에서 그렇게 하죠. 부처님도 마찬가지였대요. 사랑하는 제자가 앞으로는 수행을 열심히 하기를 바라는 마음에서 아나율 존자를 호되게 꾸짖었던 것이지요.

그 후 아나율 존자는 '나는 지금 이 순간부터 깨달음을 얻을 때까지 잠을 안 자겠다'며 오로지 벽만 보고 수행을 했대요. 잠을 안 잤대요. 그래서 오로지 수행만 하다가 눈병이 심해져서 시력을 잃어요. 시력을 잃으면서 신기하게 마음이 환해져서 세상을 꿰뚫어보는 천안통을 얻게 됐다고 합니다. 이게 바로 천안제일 아나율 존자의 이야기입니다. 그러니 여러분, 잠 그만 자고 공부 좀 해요. (웃음)

하루는 아나율 존자가 자신의 옷을 꿰매려고 하는데, 앞이 보이지 않아 바늘에 실을 꿸 수가 없어서 '누구라도 복을 짓고 싶은 사람이 있다면 나의 바늘에 실을 꿰어줬으면 좋겠다'하는 생각을 합니다. 여기에 계신 분들은 초발심자라서 잘 모르겠지만 누군가 혹은 스님을 위해 봉사하는 일은 큰 복을 짓는 일이라고 합니다.

멀리서 석가모니 부처님께서 아나율 존자의 생각을 알아차리십니다. 그래서 홀연히 아나율 존자에게 나타나 "아나율이여, 너의 바늘과 실을 나에게 다오"하고 말씀하십니다. 그 소리를 듣고 아나율 존자는 깜짝 놀랍기도 하고 황송하기도 합니다. 아나율 존자는 부처님께 "거룩하신 세존이시여, 분명히 저는 이렇게 생각했습니다. 세상에 복을 짓고자 하는 사람이 있다면 제 바늘에 실을 꿰어주기를 생각하고 있었습니다. 그런데 부처님께서는 모든 복과 지혜를 완성하셨는데, 따로 어떤 복을 짓기를 원하시기에 제 바늘에 실을 꿰어주신다고 하십니까?"

그러자 부처님께서는 "아니다. 아나율이여, 그런 말을 하지 말아라. 아나율이여, 세상의 복을 구하는 자 가운데 부처인 나보다 더한 사람은 없다." 부처님은 모든 복을 갖추셨는데 바늘에 실을 꿰어주면 복을 받는다는 말에 짠하고 나타나셨으니 말이죠. 부처님은 엄청난 욕심쟁이십니다. (웃음)

제가 갓 출가했을 때 일입니다. 존경하는 선배 스님과 차를 마시다가 그 선배 스님이 '부처님이야말로 세상에서 가장 욕심꾸러기'라는 말을 들었습니다. 그때 이것은 명백한 신앙모독 아닌가. 부처님께서는 무소유에 대해 말씀하셨는데, 스님이 부처님께 욕심쟁이라고 하면 신앙모독이 아닌가 했는데,

그 선배 스님의 뒷말이 제 가슴을 때렸습니다. 부처님은 세상의 모든 중생을 구제하고자 하셨으니 이보다 더 욕심쟁이가 어디 있겠느냐는 것이죠. 욕심쟁이는 욕심쟁이인데, 행복한 욕심쟁이신거죠? 무슨 말씀이신지 아시겠죠?

그때 부처님께서 말씀하십니다. "아나율이여, 중생을 제도하려면 내가 복이 있어야 복이 없는 사람을 제도할 수 있느니라. 세상의 모든 힘 가운데 하늘세계와 인간 세계를 두루 돌아보면 복의 힘은 가장 뛰어나니 복으로 말미암아 불도를 이룬다네."

자, 우리가 서두에 가장 강한 것은 무엇인가에 대해 주제를 삼아 이야기를 펼쳐보자고 했잖아요. 이미 답이 나왔네요. 세상에서 싸움을 가장 잘하는 사람이 누구라고 했죠? 복장이라고 했죠? 세상에서 성공한 CEO들의 비법 중 하나가 뭐라고 했죠? 행운이라고 했죠? 부처님께서도 중생을 구제하려고 하면 뭐가 필요하냐고 했죠? 복이라고 했죠? 네, 복입니다. 그럼 그 복은 누가 짓는 것일까요? 네, 바로 내가 짓는 것입니다.

여러분, 부처님께서 몇 살에 출가했는지 아세요? 스물아홉 살에 출가하셨다고 합니다. 출가 후 육년 동안 수행을 하시고, 서른다섯 살에 보리수나무 아래에서 깨달음을 얻으십니다. 자, 그런데 부처님께서 보리수나무 아래에서 깨달음을 얻기 전에 마왕 파순이 부처님의 수행을 방해하기 위해서 수많은 악마를 데리고 보리수나무 아래로 향합니다.

그때 부처님의 깨달음을 기다리고 있던 일만 우주 천신들이 모여 있었는데, 멀리서 마왕 파순이 다가오는 것을 알고 우주의 천신들이 모두 다 도망갔다고 해요. 의리가 없어요. (웃음) 그래서 보리수나무 아래서 누구만 남아있어요? 부처님만 남아있죠. '지금 마왕 파순이 악마의 군대를 끌고 나의 수행, 나의 깨달음을 방해하고자 오고 있다. 지금 나의 주변에는 나를 지켜줄 이가 아무도 없다. 하지만 나는 전생부터 한량없는 공덕을 지었다. 공덕의 힘으로 방패를 삼고, 공덕의 힘으로 무기를 삼아서 저 악마의 군대를 무찌르겠다'고 사유를 하십니다. 무엇의 힘으로요? 공덕의 힘으로 말입니다.

그때 보리수나무 밑에 수많은 악마의 군대가 도착합니다. 악마의 군대가 부처님께 사정없이 공격을 합니다. 그런데 그어떤 공격도 우리 부처님의 털 끝 하나도 건드릴 수가 없었다고 합니다. 그때 부처님께서 마왕 파순에게 "마왕이여, 그대는 전생에 복을 크게 한 번 지은 것으로 하늘세계 왕이 된 것이고, 나는 태어나고 죽는 수많은 생동안 붓다가 되기 위해 수많은 복을 지었다."

그때 마왕이 부처님께 질문하게 됩니다. "내가 마왕 파순이 되기 위해 복을 지었다는 것은 그대가 지금 증명했다. 그러나 그대가 부처가 되기 위해 수많은 공덕을 지었다는 것은 누가 증명할 것인가"하고 물었습니다. 그러자 그때 부처님께서 오른손으로 땅바닥을 가리키니, 대지가 큰 진동을 합니다. 수십 수백 수천으로 대지가 "제가 증명하겠습니다" 하듯이 '꽝꽝 꽝' 하고 울립니다. 이 정도면 판타지 소설이죠? (웃음)

그러자 마왕 파순이 놀라면서 악마의 군대와 함께 뿔뿔이 헤쳐서 사라졌다고 합니다. 이것이 항마촉지(降魔觸地)입니다. 마왕을 항복받은 손가락이라고 하는 거예요. 여러분, 석굴암 가보셨죠? 석굴암에 있는 부처님 손가락 기억나세요? 왼손은 배꼽 밑에 두시고, 오른손은 무릎 위에 살며시 올려놓고 계신데, 손가락을 하나 편 듯, 안 편 듯 땅을 가리키고 계세요. 그 모습이 마왕에게 항복받았던 그 모습을 형상화한 항마촉지인(降魔觸地印)의 모습입니다.

자, 마왕 파순이 물러나고 고요히 보리수나무 아래에서 선정에 들어 초저녁에는 자기나 다른 사람의 지나간 세상에 있었던 모든 일을 자유자재로 훤히 다 아는 숙명통을 얻으시고, 한밤중에는 태어나고 죽는 모습을 꿰뚫어 보는 천안통을, 새벽별을 보면서는 모든 번뇌가 다 끊어져 모든 것을 다 아시는 누진통을 얻으셨다고 합니다.

여기서 중요한 게 있어요. 마왕 파순이 부처님의 깨달음을 방해하기 위해 찾아왔을 때 부처님께서는 깨달음을 얻기 직전이었어요. 마왕과 군대를 물리쳤던 힘은 무엇이었나요? 네, 바

공덕을 꽃 피우다

로 공덕이었어요. 복과 공덕의 힘이 악마를 이길 수 있었던 가장 강력한 힘이었습니다. 이렇듯 가장 강력한 힘은 무엇인가요? 바로, 복입니다. 그 복은 누가 짓는다고요? 바로 내가 짓는다고 했습니다.

이 얘기에 대해서 〈아함경(阿含經) - 경전 가운데 아함부(部)에 속하는 원시(原始) 또는 소승(小乘) 경전〉에서는 부처님께서는 기원정사에 계실 때 제자들에게 "나의 제자들이여, 한 가지 법을 따르고, 한 가지 법에서 떠나지 않는다면 세상의 그 어떤 존재도 그 사람을 어찌하지 못할 것"이라 하셨습니다. 그 한 가지 법인 공덕, 복업이 있으면 세상의 그 어떤 존재도 그 사람을 어찌할 수 없다는 말씀이십니다.

"내가 보리수나무 아래에서 마왕 파순과 군대가 왔을 때 이 공덕의 힘으로 그들을 물리쳤노라. 그리고 이 복의 힘으로 번뇌를 끊고 깨달음을 얻을 수 있었다. 그러니 나의 제자들아, 복을 열심히 닦으라"고 당부하셨습니다. 그리고 이런 게송을 남기십니다. "복이 있으면 즐겁고, 복이 없으면 불행하다. 이번 생에서 그대여 행복하고 싶다면 복을 닦으라"고 제자들에게 남기십니다. 알겠습니까? 여러분?

하루는 부처님께서 기원정사라는 곳에 계실 때 한 젊은이가 부처님을 찾아옵니다. 젊은이가 삼배를 올리고 다음과 같이 부처님께 질문을 올립니다. "거룩하신 세존이시여, 이 세상에 그 어떤 것이 불에도 타지 않고, 홍수가 나도 잠기지 않고, 바람이 불어도 날아가지 않고, 도적과 왕이 빼앗으려 해도 빼앗을 수 없는 것입니까? 어떤 창고에 간직해야 영원히 무너지지 않겠습니까?"하고 질문을 던집니다. 그때 부처님께서 다음과 같이 말씀하십니다. "복이야 말로 불에 타지 않는다. 복이야 말로 바람에 날아가지 않는다. 복이야 말로 물에 잠기지 않는다. 복이야 말로 아무리 빼앗으려 해도 빼앗을 수 없는 것이다. 자비로운 마음으로 베푼 마음의 창고야 말로 영원히 무너지지 않는다."

　세상에서 가장 위대한 힘은 무엇일까요? 복입니다. 조금 충격적인 답을 드리자면, 어떤 분이 "세상에서 가장 위대한 힘은 무엇일까요?"라는 질문에 "엄마"라고 답을 하셨잖아요. 그런데 요즘 세상을 보면 정말 안타까운 얘기가 나오잖아요. 그런 엄마를 만나고 그런 고통을 겪는 것도 무엇 때문일까요? 그렇습니다. 내가 지은 악업의 에너지일 가능성이 큽니다. 인과응보, 내가 뿌린 씨앗은 누가 받는다고 했죠? 내가 받는다는 것이지요. 무슨 말인지 알겠죠?

　내가 복이 많으면 좋은 부모를 만날 가능성이 커요. 하지만 내가 복이 많지 않으면 좋은 부모를 만나기가 어려워요. 내가 복이 많으면 좋은 자식을 만날 확률이 큽니다. 내가 복이 적으면 좋은 자식이 아니라 원수를 만날 가능성이 많아요. 내가 복이 많으면 좋은 배우자를 만날 가능성이 많습니다.

우리가 만나고 헤어지는 인연의 뿌리는 내가 지은 복의 결과라고 불교에서는 가르치고 있습니다. 우리가 세상을 살다 보면 우리 앞에 펼쳐진 모든 것들을 가만히 살펴보면 어떤 때는 굉장히 좋은 일이 생길 때도 있고, 어떤 때는 좋지 않은 일이 생길 때도 있습니다. 좋은 일이 생길 때는 다 내가 잘해서 생긴다고 하지만, 나쁜 일이 생기면 남을 탓하는 경우가 있어요. 그런데 불교에서는 내 앞에 펼쳐진 행복과 불행 자체가 누가 지은 업의 결과라고 했죠? 그렇죠, 내가 지은 업의 결과가 내 미래의 행복과 불행을 만드는 것입니다. 내 행복을 방해하는 사람이 있으면 그런 사람을 만난 자체가 내가 복이 없어서 만난 거예요. 오, 표정을 보니 굉장히 격렬하게 인정하시네요. (웃음)

여러분, 황금이 나오는 곳보다 더 중요한 게 있다고 해요. 네, 인맥이라고 하죠. 불교에서는 복이 있으면 자기가 원하는 일을 할 때 빨리 쉽게 이뤄진다고 합니다. 복이 없을수록 자기가 원하는 일이 늦게 힘들게 이뤄진다고 합니다. 아예 복이 없으면 그 일이 이뤄질까요? 이뤄지지 않을까요? 이뤄지지 않는다고 해요. 자신이 복이 있는지 없는지 한 번 살펴보세요. 자신이 원하는 방향대로 삶이 펼쳐지고 있는지 말이에요.

여러분 스스로 한 번 판단해보세요. 내가 복이 많은가, 복이 적은가? 복이 많으면 원하는 대로 잘 풀리고, 복이 적으면 원하는 대로 잘 풀리지 않아요. 복도 사람에 따라 조금씩 다르게 나타나요. 여러분, 공부복 있어요? 공부복은 있는데, 학교복이 없는 사람이 있어요. 고등학교 때 공부를 기가 막히게 잘했는데, 막상 수능을 봐서 학교를 가야 하는데 좋은 학교를 가요? 못 가요? 못 가죠.

공부복도 있고 학교복도 있는데, 관복이 없는 사람들이 있어요. 어렸을 때 공부를 굉장히 잘하고, 학교도 좋은 곳을 나왔는데, 저 사람은 사법고시를 보면 바로 합격할 거야 했는데, 10~20년을 공부해도 사법고시를 패스하지 못하는 경우도 있어요. 또 학교복은 있는데, 취직복이 없는 사람이 있어요. 어떤 사람들은 취직복도 있고, 재복도 있는데, 그렇죠! 가족복이 없는 사람도 있어요. 재미있는 게 건강복이 있는 사람들이 있어요. 그런데 가진 게 건강밖에 없어요. 그러니까 재물복도 없고, 가족복도 없고, 아무것도 없어요. 남 얘기 같지 않죠? 그런데 건강복이 제일 중요해요. 건강해야 기회가 오거든요.

이렇게 자기가 갖고 있는 복과 업이 다른 것입니다. 그러면 어떻게 복을 지을까요? 또 나쁜 업보, 나쁜 업장은 어떻게 소멸시킬까요?

공덕을 꽃 피우다

불교에 대해서
오해하시는 분들이 있습니다.
불교를 굉장히 수동적으로
생각하시는 분들이 있습니다.
모든 게 내 팔자니 그러려니 하고
살자는 분들이 있습니다.
이렇게 사는 것은 절대 팔자 때문이 아닙니다.
내가 이렇게 사는 것은 업 때문이죠.
그 업의 주인공은 누구죠?
바로 나 자신입니다.
그러니 그 운명을 바꾸는 것도
바로 자기 자신입니다.
이것이 불교에서 말하는 업론입니다.

인과응보에 대한
확신을 가져라

여러분, 인과응보에 대한 말은 들어보셨죠? 인과응보, 원인과 결과에는 반드시 그에 상응하는 갚음이 있다는 말입니다. 쉽게 말하면 내가 지은 업은 내가 받는다는 뜻입니다. 인과응보, 네 글자를 한 글자로 줄이면 '업'이라는 말이 됩니다.

여러분 업이라는 말 많이 들어보셨죠? 내가 지은 원인에 의해서 그 결과를 내가 받는다는 말 되겠습니다. 알겠죠? 우리가 업에 대해서 곰곰이 생각해볼 때, 업은 선업과 악업이 있다고 합니다. 선업은 남을 도와주기 위해서 하는 일을 선업이라고 하고, 나쁜 마음을 가지고 행위를 일으켰을 때 그것을 악업이라고 합니다.

공덕을 꽃 피우다

왜 그럴까요? 내가 지은 업은 내가 받으니까요. 다 아는 내용이지만, 실천하기가 쉽지 않아요. 다 알고 있지만 실제로 백 퍼센트 그것을 믿고, 의지하는 분들이 많지 않아요. 요즘 제가 〈소나무〉라는 프로그램을 통해서 부처님의 좋은 말씀을 전하다 보니 전화상담이 오는데, 며칠 전이었어요. 어떤 거사님께서 전화를 주셨는데, "스님, 〈소나무〉 프로그램 광팬입니다. 그런데 스님, 주변에 부처님의 가르침을 전해드려도 잘 믿지 않습니다. 그리고 인과응보를 가르쳐 드려도 잘 믿지 않습니다. 불자들도 마찬가지입니다. 너무 속이 답답해서 화가 납니다. 스님, 주변에서 인과응보를 믿지 않는 분들이 많은데, 어떻게 하면 되겠습니까?"

"우리 거사님께서 부처님의 인과응보에 대해서 그렇게 확신을 가지시는 것은 전생부터 닦아온 복 때문입니다. 그런데 많은 사람들은 이 세상에서 살아갈 때 각자 환경이 다르고 각자 사고방식이 다르기 때문에 모든 사람들이 부처님의 가르침을 받아들일 수 없어요. 그래서 부처님께서 이렇게 말씀하셨습니다. 부처님께서 보리수나무 아래서 깨달으신 후 그 깨달음이 너무 어려워서 중생들은 알아들을 수 없을 것 같아서 법문을 하지 않을까 생각했답니다. 그러니 사람들이 부처님의 말씀을 잘 알아듣지 못하는 것을 너무 화내지 마세요. 마음을 편히 내려놓으십시오. 거사님 수행에만 집중하세요."

"맞습니다. 앞으로는 제 수행에만 집중하겠습니다"하고 훈훈하게 전화 상담이 끝났어요. 그런데 저는 그 거사님 마음이 이해가 가요. 그 거사님은 부처님 공부를 하면서 부처님 말씀이 좋은 거예요. 좋으니 나의 소중한 사람들에게 그 말씀을 전하고 싶은 거예요. 그런데 그 얘기를 잘 받아들이지 않으면 어때요? 속상하죠. 그런데 그 마음조차도 그대로 놓아야 해요.

머리 깎고 출가생활을 하려는 이유는 위로는 깨달음을 얻고, 아래로는 중생을 구제하려는 것이잖아요. 스님들도 속상한 일이 있어요. 그런데 그 속상한 마음도 놓아버려야 해요. 지난번에 〈소나무〉 프로그램을 통해서 말씀드렸잖아요. 지금 이 사람이 내 말을 알아듣지 못해도 내가 전달한 부처님 말씀이 그 사람의 귓가를 스치기만 해도 나중에는 깨달음을 얻을 것이라는 믿음이 있어야 합니다. 이처럼 부처님의 말씀을 충분히 알아듣고 실천하는 사람도 있지만 부처님의 가르침에 대해서 전혀 관심이 없거나 절에 다녀도 몸으로 실천을 못하는 사람들이 많습니다. 그러니 다른 사람들을 보면 안 돼요. 자기 자신을 봐야 합니다. 한마디로 내 수행만 열심히 하면 됩니다.

부처님 가르침인 〈팔만대장경〉에 가장 기초가 되는 것이 인과응보, 업입니다. 중생이 업을 닦아서 부처가 되는 것입니다. 그러니 업에 대한 가르침이 중요합니다. 그런데 서두에서도 말씀드렸지만 업을 잘 믿지 않는 사람들이 있어요. 내가 지은

공덕을 꽃 피우다

업은 내가 받는 것인데, 이것을 믿으면 이 세상이 얼마나 아름답겠어요? 그러니 내가 어려워도 다른 사람들에게 사기 쳐서 힘들게 하는 일이 있겠어요? 없겠어요? 네, 없겠죠.

그런데 살다 보면 그 마음이 그렇게 실천이 돼요? 안 돼요? 안 돼죠. 그래서 중생이라고 합니다. 실천을 못하니 중생입니다. 내 마음을 내 마음대로 반죽하듯이 반죽할 수 있으면 중생이 아니라 부처라고 하죠. 〈화엄경〉에 보면 중생과 부처 차이는 하나밖에 없대요. 뭘까요? 마음이라고 합니다. 마음을 잘 쓰면 중생이 곧 부처이지만, 마음을 잘 못쓰니 중생이라고 하는 것이죠.

더불어 앞에서도 말씀드렸듯 업에 대해서, 인과응보에 대해서 잘못된 견해 세 가지가 있다고 합니다. 첫째, 애초에 선업이란 것도 없고, 악업이라고 할 만한 것도 없기에 선업과 악업이라는 개념은 중생이 만든 개념이라는 것입니다. 내가 한 행위를 부정하는 것입니다. 이것을 행위부정설이라고 합니다. 둘째, 선업을 지어도 행복한 결과는 없다, 악업을 지어도 불행한 결과는 없다는 것입니다. 그러니 행복을 위해서 선업을 짓고, 악업을 지으면 악업의 결과를 얻는데 이를 부정하는 것입니다. 이것이 결과부정설입니다. 셋째, 행복의 원인은 선업이 아니고, 불행의 원인은 악업이 아니라는 것입니다. 우리가 선업을 지으면 선업의 원인이 되고, 악업을 지으면 악업의 원인이 된다고 하는데, 이를 부정하는 것을 원인부정설이라고 합니다. 그래서 행위에 대한 부정, 결과에 대한 부정, 원인에 대한 부정 이 세 가지를 부처님의 인과응보에 대한 세 가지 삿된 견해라고 합니다.

그럼 올바른 인과응보 세 가지는 무엇일까요? 내가 어떠한 의도를 가지고 행위를 일으키느냐에 따라서 좋은 의도는 선업이 되고, 나쁜 의도는 악업이 된다고 했죠? 그리고 선업은 행복한 결론이 오고, 악업은 불행한 결론이 온다고 말씀하셨어요. 즉 우리 앞에 펼쳐진 행복한 상황이나 불행한 상황의 모든 행위 원인은 나에게 있더라 하는 것이에요. 내가 그 인간을 왜 만났을까, 내가 왜 그 일을 했을까 하잖아요. 할 만하니까 하는 것이에요. 내가 지은 업의 인연이었던 거예요.

인과응보를 믿지 않은
중생 이야기 1

부처님 시대에 또데야라는 큰 부자가 있었어요. 또데야가 엄청난 부자였는데 그는 전생에 선업을 많이 지어서 부자로 살고 있는데, 자기가 전생에 큰 복을 지었다는 것을 기억 못하고 이번 생에 부자로 살면서도 다른 사람들에게 베풀지 않고, 아주 탐욕스런 생활을 살았다고 해요. 아들 수바에게도 남들에게 베풀지 말아라, 남들에게 베풀어봤자 그들은 게을러진다고 가르쳤다고 합니다.

그런데 이 또데야가 평생 호의호식 하다가 죽게 됩니다. 그러다가 그 집의 암캐로 태어났다고 해요. 그 아들은 그 개에 목줄을 걸어서 키웠다고 해요. 하루는 부처님께서 마을에서 탁발을 하시고 사원으로 걸어가시다가, 아들 수바의 집을 지나갑니다. 전생에 또데야였던 개가 부처님을 보고 사정없이 짖어요. 업장이 두터워서 그래요. (웃음) 부처님께서 이와 같이 사유하십니다. "전생에 또데야였던 저 개는 평생을 탐욕스럽게 살아서 개로 태어났는데 붓다를 보고도 사정없이 짖고 있구나. 저 개는 그 업으로 죽은 뒤 지옥에 떨어지겠구나" 하셨대요. 부처님은 대자대비하십니다. 개를 가리키며 "또데야"하고 큰 소리로 부릅니다. 집에 있던 아들 수바가 자고 있는데 밖에서 또데야 하는 소리가 들리자 깜짝 놀라 일어나서 몇 달 전 돌아가신 아버지를 누가 저렇게 부르냐며 하인을 부릅니다. 하인이 보니 부처님이 개를 보고 또데야라고 한다고 아들 수바에게 설명했대요. 아들은 화가 나요. 수바가 욕을 하면서 밖으로 나와요. 부처님께 "부처님, 부처님은 굉장히 대자대비하다고 익히 소문을 들었습니다. 그런데 어떻게 저희가 키우는 강아지를 보고 저희 돌아가신 아버지 이름을 부를 수 있습니까?"하니 그때 붓다께서 "수바여, 이 개는 전생에 그대의 아버지였던 또데야니라." 그러자 수바는 "증거가 있습니까?" 했대요.

부처님은 모든 것을 꿰뚫어 보신다고 해요. 부처님께서 오랫동안 수행을 하셔서 과거 전생부터 미래까지 꿰뚫어 보시고는 "또데야는 욕심이 많았다. 전생에 아무도 모르게 숲 속에 보물을 숨겨놓았다. 그러니 내가 증명하겠노라" 그러면서 또데야에게 이렇게 말합니다. "또데야여, 전생에 당신이 숨겨놓은 보물을 찾아오너라. 그래서 당신이 또데야임을 증명하거라" 했다고 해요. 그러자 그 강아지가 숲 속에 가서 보물을 찾아왔다고 해요.

그러자 수바가 눈물을 왈칵 쏟습니다. 그런 후 "거룩하신 세존이시여, 저는 어렸을 때부터 아버지에게 배우기를 인과응보니, 업이니 이런 것은 없으니 이번 생을 후회 없이 누려라. 절대 남에게 복을 베풀지 말아라 하셔서 그렇게 믿었습니다. 그러나 오늘 저는 제 아버지가 평생을 인색한 삶을 살아서 개로 태어났음을 부처님을 통해서 알게 되었습니다. 그러니 부처님께서 그 법에 대해 가르침을 내려주십시오" 했다고 해요.

그 자리에서 부처님께서 "업의 주인은 바로 자기 자신입니다. 자기 자신이야 말로 업의 계승자입니다. 업에 의해서 태어나고, 업에 의해서 묶여있고, 업에 의해서 보호받습니다. 업이야 말로 유일한 재산입니다. 업에 의해서 잘난 중생이 있고,

공덕을 꽃 피우다

업에 의해서 못난 중생이 있습니다"라는 유명한 게송을 들려주십니다. 업의 주인이 누구라고요? 업을 누가 계승한다고요? 바로 자신입니다. 여러분 이런 말 들어보셨죠? 왜 사냐고 물으면 업 때문이지요. (웃음) 이 세상에 우리가 묶여있는 것도 업 때문입니다. 엄청난 비밀입니다.

여러분, 불교에 대해서 오해하시는 분들이 있습니다. 불교를 굉장히 수동적으로 생각하시는 분들이 있습니다. 모든 게 내 팔자니 그러려니 하고 살자는 분들이 있습니다. 이렇게 사는 것은 절대 팔자 때문이 아닙니다. 내가 이렇게 사는 것은 업 때문이죠. 그 업의 주인공은 누구죠? 바로 나 자신입니다. 그러니 그 운명을 바꾸는 것도 바로 자기 자신입니다. 이것이 불교에서 말하는 업론입니다.

진돗개 중에 호구라고 아세요? 하얀 색 백구 말고, 얼룩덜룩 호랑이 같아서 호구라는 개가 있어요. 제가 하루는 이 또데야 이야기를 보고 나서 우리 강아지 호구에게 "그동안 내가 너를 알뜰살뜰 살폈으니 네가 전생에 숨겨놓은 보물을 좀 찾아오거라"하고 줄을 풀어줬어요. 그랬더니 호구가 산을 후다닥 올라가더라고요. 그러더니 가만히 앉아있어요. 그래서 저는 산삼을 캐오거나 진짜 귀한 것을 물어오면 어쩌나 했어요. 그런데 가만히 보니 용변을 보고 있더라고요. (웃음) 책에서 본 이론과 현실은 이와 같이 다르구나 했어요.

여러분 아시겠죠? 진정한 업의 주인은 나 자신이고요. 그 업에 따라 현재의 삶이 펼쳐지는 것이에요. 내가 하는 일이 잘 안 풀려요? 그럼 내가 전생에 선업을 안 지었구나. 내가 하는 일이 엄청 잘 풀려요? 그러면 내가 전생에 선업을 지었구나 하시면 됩니다.

인과응보를 믿지 않은
중생 이야기 2

월탄도 또데야처럼 인색한 삶을 살았다고 해요. 자기 아들이었던 전단에게도 탐욕스럽고, 욕심 많게 살라고 가르쳤다고 해요. 여기서 중요한 게 있어요. 어쨌든 이번 생에 부자로 태어난 것은 전생에 복을 많이 지었다는 것입니다. 복 없이는 부자가 될 수가 없다고 해요. 전생에 내가 지은 복으로 부자로 태어났음에도 전생을 기억하지 못하고, 이번 생에 악업을 짓고 사는 사람들이 많습니다. 그러니 인과응보를 믿는 불자라면, 현재 이렇게 편안하고 잘 사는 사람들이라면, 이번 생에도 복을 많이 지어야겠다고 생각해야 합니다. 반면 이번 생에 힘들게 살고 있다면 '내가 전생에 복을 짓지 않았구나. 그러니 이번 생에 복을 좀 많이 지어야겠다'고 생각해야 한다는 것입

공덕을 꽃 피우다

니다.

월탄도 전생에 복을 많이 지었는데 이번 생에 너무 악독하게 살다가 죽었어요. 무엇으로 태어났느냐 하면 사람으로 태어났는데, 항상 반전이 있죠. 이웃마을에 아주 지독하게 가난하고 한쪽 눈이 먼 아낙네의 아이로 태어납니다. 아주 힘든 집안에 태어난 것이죠. 그 아낙네 남편이 아주 나빴대요. 몸이 불편한데다가 아이까지 낳으니 그 나쁜 남편이 그 아낙네를 쫓아버립니다. 그 아낙네는 아이를 데리고 동냥을 하면서 거지로 살아가는데, 그렇게 살아가다가 너무 힘들어서 한쪽 눈마저 시력을 잃어버려요.

중생들은 왜 이렇게 힘들게 살아야 할까요? 장님이 된 그 아낙네가 힘들게 아들을 키우며 산 지 7년이 되었어요. 일곱 살 된 아들에게 "내가 이제 너를 먹여 살릴 수 없으니, 네가 동냥을 해서 나를 먹여 살릴 수 있겠느냐"했대요. 그래서 이 일곱 살 난 아들이 마을에 나가서 돌아다니다 보니 어떤 으리으리한 집을 보는 순간 너무 마음에 드는 거예요. 네, 그래요. 전생에 자기 집이니까 그런 거예요. 이처럼 전생에 자기가 관심이 많았던 분야는 이번 생에도 그것에 관심이 생겨요. 그러니 전생에 수행을 열심히 한 스님은 이번 생에도 스님이 돼요. 전생에 한 일이 그것이니까요. 또 전생에 한이 맺혀서 죽으면 이번 생에 그 한풀이를 한다고 해요. 전생에 공부를 못해서 한이 맺히면 이번 생에 공부벌레가 돼요. 전생에 돈을 못 벌고 가난하게 살았던 사람은 이번 생에 돈벌이에 집중하게 돼요. 여러분은 어떤 것에 집착하고 있습니까? 그것은 또 다른 전생의 모습입니다.

일곱 살 난 거지 아이가 전생의 자기 집에 가요. 그때 문지기가 화장실에 가고 없었나 봐요. 전생에 자기 집이었으니 신이 나서 여기저기 뛰어다녀요. 전생에 자기 아들 전단이 자신을 보고 "이놈의 거지새끼가 여기가 어디라고 들어왔어? 당장 쫓아내고 매질을 해라" 해요. 자기 전생을 다 알면 우리가 이렇게 안 살아요. 더 아름답게, 더 남을 위하면서 살겠죠. 전생을 알지 못하니 "에라, 모르겠다" 하면서 사는 것이지요.

매질을 하니 아이가 머리가 깨지고 피가 나요. 동네 사람들이 말리고 싶은데, 그 아들이 마을에서 위세가 등등하니 아무도 말리지 못하고 그 거지 어머니를 데려와요. 그 장님인 엄마가 가까스로 그 집에 도착해서 "차라리 저를 때리십시오. 저를 죽이십시오. 제발 제 아들을 살려주세요" 하고 애원을 해요.

이때쯤 누가 나타나죠? 네, 부처님께서 탁발을 하시다가 그 광경을 보시게 됩니다. 전생에 월탄이 자기 아들에게 매질을 당하는구나, 저들을 구제해야겠구나 해요. 부처님께서 거지 부자에게 탁발로 얻어온 음식을 주시면서 "이것을 먹고 힘을 내거라" 해요. 그 당시 부처님은 인도에서 성자로 우러름을 받

공덕을 꽃 피우다

던 분이셨어요. 하지만 하루에 한 번 꼭 탁발을 하셨대요. 왜 그랬을까요? 중생들에게 복을 짓게 하려고 했던 것이죠. 부처님은 편히 먹고 살 수 있었지만 중생들에게 복을 짓게 하려고 탁발에 나섰던 것이죠. 그러니 부처님이 드시는 음식은 단연코 최상급의 음식이었죠. 그 음식을 그 모자에게 줍니다. 생전 그런 음식을 먹어보지 못한 그 모자는 너무너무 맛있게 그 음식을 먹었대요.

그 모자가 부처님께 감사의 인사로 삼배를 올리니 부처님께서 "아이야, 너는 전생에 이 집의 주인이었던 월탄이었다. 하지만 너는 항상 인색하고 욕심이 많아 남에게 베풀 줄 몰라 했다. 그리고 너의 아들에게도 그렇게 살라고 가르쳤다. 그 업보로 네가 그렇게 사는 것이다. 그러니 아이야, 이번 생에는 선업을 지어서 너의 행복을 새롭게 개척하거라"하고 법문을 하십니다. 그 법문을 듣던 모든 사람들이 그 자리에서 감동하여 선업을 짓는 불제자가 되었다는 이야기가 경전에 나옵니다. 그러니 오늘부터라도 무엇을 지어야겠다는 생각이 들어요? 선업이죠. 맞습니다. 자기 업은 자기가 받는 것입니다.

제법종연생(諸法從緣生) 제법종연멸(諸法從緣滅)
아불대사문(我佛大沙門) 상작여시설(常作如是說)

모든 것은 인연 따라 일어나고, 모든 것은 인연 따라 사라진다.
부처님께서는 항상 이와 같이 말씀하신다.

2장

우연은 없고
오직 인연만 있을 뿐이다

인생에
우연은 없다

어떤 분이 우리 앞에 펼쳐진 인생은 '우연의 연속'이라는 말을 하시는 것을 들었습니다. 그러니 우리의 삶은 예측할 수 없어서 인생 계획표를 세워라 하는 분도 있고, 어떤 분은 어떻게 살지도 모르니 계획 같은 것은 세우지 말아라 하는 분도 계십니다. 노래 중에 우리의 만남은 우연이 아니라 바램이라고 하죠? 그 바램을 불교에서 원(願)이라고 합니다. 바램을 누가 만든다고요? 바로 마음이 만든다고 해요. 불교에서는 '인생의 우연은 없다. 오직 인연만이 있을 뿐'이라고 말합니다.

칠불암 사또 이야기

우리의 삶을 성찰해보면 우리 앞에 펼쳐진 우리 삶에서 스쳐 지나가는 모든 게 우연이 아니라 너와 내가 지은 인연에 의한 것이라고 합니다. 여러분 지리산 가봤어요? 하동에 칠불암이라는 아주 좋은 절이 있어요. 언제 한번 가보세요.

칠불암에 전해 내려오는 불교 설화 중 인연에 관한 얘기가 있어요. 고려시대 때 불교가 많은 폐단이 있었어요. 가끔 '고려시대 인과응보로 조선시대 불교가 이렇게 핍박을 받았구나' 하는 생각이 들기도 합니다. 어쨌든 이야기 배경시대가 불교의 권위가 땅에 떨어졌을 조선시대 때이니 스님들이 천민 취급을 받았겠지요. 지리산 밑 큰 고을에 사또가 왔는데 하루는 그 사또가 부하들을 데리고 칠불암이 그렇게 유명하다니 거기에 가보자 했대요.

칠불암 스님들은 그 사또 무리들이 오면 좋겠어요? 안 오면 좋겠어요? 그렇죠, 안 오면 좋겠죠. 여하튼 그 사또가 그 칠불암에 왔는데 기분이 너무 안 좋은 거예요. 왜 안 좋았을까요? 그렇죠. 명색이 사또가 왔는데 스님들이 내다보지도 않았던 거죠. 기분이 싹 나빠지려고 할 때 젊은 스님이 지나가니 그 사또가 화가 나서 저 젊은 스님을 데려다가 곤장을 쳐라 그랬대요. 곤장을 치는데 사또가 보니까 그 젊은 스님이 갑자기 불

　　　　　　　　　　　　　　공덕을 꽃 피우다

쌍해지더래요. 저 젊은 스님이 잘못한 일이 하나도 없는데, 내가 왜 그랬을까 했대요. 곤장 일곱 대를 때렸을 때 멈춰라 했답니다.

그래서 너무 미안했던지 그 젊은 스님 손을 잡으면서 "스님 미안하오. 내가 갑자기 화가 나서 곤장 일곱 대를 쳤는데, 내가 대신 절에 삼년 먹을 쌀을 대어주겠소" 했습니다. 절에서 난리가 났어요. 그 옛날 산골짜기에서 쌀이 얼마나 귀해요. 그런데 그 젊은 스님은 기분이 언짢다가 갑자기 눈물이 나더래요. 이 사또라는 사람이 갑자기 곤장을 때리다가 쌀을 왜 또 주었을까 하는 생각이 들었대요. 그리고 왜 곤장을 일곱 대를 때렸을까 했더래요.

'왜 그랬을까? 왜 그랬을까?'했는데 그 젊은 스님이 수행을 열심히 하다가 나중에 큰스님이 되었어요. 달 밝은 밤에 호롱불 하나만 켜놓고 참선을 하다가 불현듯 젊었을 때 사또에게 곤장을 맞았던 게 떠오르는 거예요. '왜 그랬을까? 왜 그랬을까?' 큰스님이 되었는데도 그 이유를 알 수 없더래요. 그때 홀연히 호롱불이 펄럭거리면서 자신의 전생이 보이는 거예요.

이게 남 얘기가 아니에요. '우리가 그때 왜 그랬을까?'하는 실타래를 풀 수 있는 얘기입니다. 머나먼 과거에도 이 스님이 칠불암의 스님이었는데, 그 때 그 절에 큰 불공이 들어와서 상을 마련하고 있을 때 마을에서 절로 자주 놀러오는 개가 있었습니다.

개가 뭘 알겠습니까? 부엌에 살며시 들어가서 불공으로 올릴 그 공양을 먹습니다. 개가 부엌에서 나오는데 스님을 만나요. 스님이 화가 나요. 부처님께 올릴 공양 떡을 입에 물고 있으니, 그 스님이 화가 나요. 그래서 스님이 이놈의 강아지 새끼 이러면서 개를 발로 뻥 찼대요. 그러니 그 개가 떡을 놓아 버리고 깨갱 하면서 도망가더래요. 그 모습을 보니 스님이 갑자기 미안한 마음이 들어서 내가 스님답지 못하게 이 떡 한 조각 때문에 저 불쌍한 미물을 발로 찼구나 하는 생각이 들어서 떡을 들고서 개야 미안하다 그러면서 떡을 던지니 개가 그 떡을 씹어 먹었겠죠?

눈치 빠른 분? 대충 답이 나왔죠? 네, 그때 그 개가 이번 생에 사또로 태어납니다. 항상 절에 와서 기도하는 스님을 보고 스님을 좋아하는 마음을 자꾸 일으켰기 때문에 그 공덕으로 사또로 태어났대요. 대단하죠? 수행하는 스님을 좋아하는 마음만 가졌을 뿐인데 말입니다. 그리고 그 개를 발로 뻥 찼던 그 스님은 누구로 태어났을까요? 그렇죠. 그 곤장 맞은 스님으로 태어납니다.

그 사또가 그 스님을 보자마자 화가 났던 이유가 여기에 있었던 것이죠. 여러분도 마찬가지입니다. 누군가를 봤는데, 도와주고 싶고, 좋은 게 생기면 뭐라도 주고 싶은 사람 있죠? 그

공덕을 꽃 피우다

사람과는 좋은 인연입니다. 반대로 처음에는 좋았는데, 나중에는 보기 싫은 사람도 있죠. 바로 우리 삶의 인연은 칡넝쿨처럼 서로 엉켜있어요.

좋은 인연과 나쁜 인연이 섞여있어서 좋았다가 싫어지고, 싫었다가 좋아지는 것입니다. 인연이 이와 같이 심오합니다. 스님이 무릎을 탁 치면서 '발길질 한 번 하고 떡 한 조각 던져줬더니 곤장 일곱 대에 삼년 먹을 쌀로 돌아왔구나' 했대요. 여러분도 여러분이 살아가면서 만난 그 숱한 사람들이 인연의 씨앗입니다. 씨앗도 결국은 누가 심어놓은 거죠? 내가 심어놓은 거죠.

가끔 저에게 상담이 들어올 때가 있어요. 가만히 들어보면 다 자기 말을 들어달라는 거예요. 답답한 마음을 풀고자 하는 것이겠죠. 그래서 스님인 제가 연애라든가, 결혼생활을 잘 모르다 보니 간혹 '결혼한 부부는 어떻게 살까?'하고 티브이를 보는데 '모든 사람들이 다 이렇게 사나?'하는 생각이 들 정도로 비정상적인 얘기만 나오더라고요. 처음에는 사랑했던 사이인데 나중에 좋지 못한 상황에 처해지곤 하는 그런 부부의 인연을 볼 때 부처님의 말씀이 떠오르더라고요. 부처님께서 부부의 인연은 아주 깊다고 하셨습니다. 물론 부모 자식 간 인연도 아주 깊다고 합니다. 또 형제간의 인연도 깊다고 합니다.

제가 예전에 책을 좋아해서 동양철학책도 보고 사주철학책도 보게 됐는데, 네 그렇다고 사주를 볼 줄은 몰라요. 사주책에 그 사주를 공부하신 분들의 교과서 같은 책이 있는데 옛날 사주를 보던 대가들은 궁합을 안 봐줬대요. 왜냐면 부부 인연은 너무 깊기 때문에 궁합을 봐줘봤자 헤어지지도 않고 다시 만나지도 않는다고 해요. 상담을 할 때 "애 때문에 궁합을 보면 안 좋다고 해서 헤어지라고 하면 죽어도 못 헤어진다고 해요. 어떻게 할까요?"하시는 분들이 있어요. 그런 분들에게 드릴 말씀은 하나 밖에 없어요. "궁합이 좋든, 그렇지 않든 만날 사람은 만난다. 그래서 잘 살든, 못 살든 그것은 그들의 몫이다. 그러니 그들을 위해 기도를 많이 해줘라."

사주가 백퍼센트 안 맞거든요. 만약에 서로 좋은 인연인데 내가 사주를 잘못 봐줘서 궁합이 안 좋다고 찢어놓으면 그 업보를 내가 받아야 한대요. 그러니 사람의 인연은 함부로 뒤집을 수 있는 게 아닙니다.

좋은 부부, 좋은 인연을 만난다는 것도 정말 어려운 일입니다. 우리나라 이혼율이 굉장히 높다고 해요. 불교에서는 이혼을 반대할까요? 반대하지 않을까요? "부처님, 저희 관계가 정말 안 좋아요. 어떻게 할까요?"하고 물으면 헤어지라고 하실 거예요. 부처님은 이혼하지 말라는 말은 하지 않았어요. 대신 이런 말씀을 하십니다. "헤어지되, 원망하진 말아라. 잘못된 인연이 펼쳐진 것은 서로의 업이니 서로를 원망하지 말아라"

라고 하셨습니다. 그 사람을 만난 것도 내 업입니다.

어느 거사가 경험한
금슬 좋은 부부 이야기

옛날 중국에 수행을 굉장히 많이 하신 거사님이 계셨습니다.
그 거사님이 지방에 갔는데, 거기서 금슬 좋은 부부를 만났대
요. 이 남편은 수행을 굉장히 열심히 하는 사람이었습니다. 부
인이 남편을 어찌나 지극 정성으로 모시는지 남편을 눈에 넣
어도 눈물을 흘리지 않을 정도였더랍니다. 둘의 사이가 너무
좋으니까 그 거사님이 궁금하다 못해 그 남편에게 몇 가지 물
었대요. "부인이 거사님에게 어쩌면 그렇게 잘하시나요?"하고
물으니 자꾸 웃을 뿐 대답을 하지 않더래요. 그러더니 나중에
친해져서 식사를 하면서는 "그러면 제가 아까 물어오신 질문
에 대한 이유를 말할 텐데 믿지 않으실 수도 있어요" 이렇게
말하더래요.
  스님을 제외하고도 재가인들 중에 전생을 보는 분들이 있어
요. 의식이 맑아지면서 전생이 보이는 건데요. 전생을 보게 되
면 자신이 왜 이렇게 사는지 알게 되어서 가슴에 쌓였던 한이
싹 사라진대요. 그 남편이 말하길 자신은 전생에 불심이 깊은

여자였답니다. 반면 자신의 지금 부인은 전생에 티베트 스님이었대요. 자기가 그 스님을 스승으로 지극 정성으로 모셨대요. 쌀을 올리고, 옷을 올리면서 '오로지 이렇게 훌륭한 스님을 스승으로 모시고 수행할 수 있으니 내가 얼마나 행복한가' 했대요. 그런데 그 티베트 스님이 사람들 앞에서는 수행을 열심히 하는 것 같아도 뒤로는 수행을 열심히 하지 않았대요. 그 결과 그 여자는 스님을 공경한 복으로 이번 생에 남자 몸을 받았습니다. 그리고 이번 생이 아주 편안했대요. 반면 부인은 전생에 티베트 스님이었지만 이번 생에 자신의 부인으로 태어나서 그 빚을 갚느라고 자신의 남편에게 뭐든지 잘해주는 것이었어요. 참 대단하죠? 여러분, 여러분에게 잘해준 인연, 여러분에게 상처 준 인연에 대해 불교에서는 이렇게 말합니다. 빚을 갚기 위해서 혹은 빚을 받으려고 인연이 된다고 합니다. 빚을 받으려고 하는 인연의 대표가 자식이라고 합니다. 그래서 자식이라면 내 모든 것을 주고 싶어 하잖아요. 가만히 보면 자식을 남이라고 생각하면 어떨 땐 원수 같잖아요. 어떤 보살님이 "저 놈의 자식, 내가 얼마나 알뜰살뜰 키워냈는데 내가 자식을 생각하면 눈물을 흘리다가 쟤를 낳고 먹은 미역줄기가 눈물을 타고 나와요" 하십니다.

이와 같습니다. 묘하고 묘합니다. 그래서 인생에 절대 우연은 없다는 것입니다. 여러분이 누군가의 부모로부터 온 것도

공덕을 꽃 피우다

절대 우연이 아닙니다. 내가 자식을 낳게 되었을 때 그 자식도 절대 우연히 자식으로 태어난 게 아닙니다. 부부도 마찬가지예요. 이번 생에 부부의 인연을 맺었다는 것은 인연의 결과입니다.

그러니 불교에서는 남을 원망하지 말고 선업을 짓지 않은 자신을 원망해야 한다고 합니다. 부처님은 완전한 깨달음을 얻으시고 지혜와 복덕을 얻으셨잖아요. 그런 부처님도 살면서 곤란함을 겪었어요. 그때 부처님 제자가 부처님께 이렇게 물었습니다. "부처님, 부처님은 모든 업이 소멸되고 지혜와 복덕을 갖추셨는데 왜 이런 일을 겪으셔야 합니까?"하고 물었을 때 부처님께서는 "머나먼 과거 전생에 내가 저 사람에게 이런 업을 지었을 때 그 업이 남아서 내가 부처가 된 후에도 그 업을 받는 것"이라고 말하셨다고 합니다. 이런 것을 두고 큰스님들은 이렇게 해석하십니다. "부처님께서는 더 이상 받을 업이 없으시다. 그런데 그렇게 말씀하신 것은 부처인 나도 내가 지은 업은 내가 받는데 중생들은 어떠하겠느냐. 그러니 좋은 업을 많이 지으라는 것을 보여주시기 위한 것"이라고 말씀하십니다.

소 한 마리가
세 사람을 죽인 이야기

부처님 당시에 있었던 일이에요. 어떤 나그네가 길을 가고 있었는데 소가 풀을 뜯다가 갑자기 그 나그네를 들이받았대요. 죽었을까요? 살았을까요? 네, 죽었대요. 그러니 주인이 사람을 죽인 소가 너무 찜찜해서 시장에 가서 그 소를 팔았대요. 그래서 새 주인이 소를 데리고 오다가 개울가에서 물을 마시는데, 또 그 소가 물을 마시고 있던 새 주인을 뒤에서 들이받았대요. 죽었을까요? 살았을까요? 네, 죽었어요. 새 주인의 아들이 너무 화가 나서 그 소를 죽여서 시장에 나가 소고기를 내다 팔았대요. 어떤 사람이 시장에서 소고기를 사러갔다가 소고기를 구하지 못해서 소고기가 없냐고 하니 소머리만 남았다고 해서 그 소머리를 사왔대요. 그러다가 너무 더워서 그 소머리를 나뭇가지에 매달아 놨대요. 그 밑에서 편안히 낮잠을 자고 있었어요. 그러다 그만 소머리의 끈이 똑 떨어져서 그 밑에서 자고 있던 사람이 죽고 말았어요. 어쨌거나 그 소 때문에 세 사람이 죽은 거예요. 이 소문이 마을에 파다하게 퍼졌어요. 우연도 이런 우연이 없죠.

흔히 안 좋은 일이 생기면 재수가 없다는 말을 하잖아요. 재수도 우연은 없습니다. 다 인연법(因緣法)입니다. 그때 왕이 부

공덕을 꽃 피우다

처님께 인사를 하러 갑니다. "거룩하신 세존이시여, 나라 안에 큰 일이 펼쳐졌습니다. 다른 게 아니라 소 한 마리가 하루 동안 세 사람을 죽였습니다. 우연치고는 별스런 우연입니다." 이렇게 말하자, 부처님께서는 "이 세상에 우연은 없습니다. 모든 일은 인연입니다." 그러자 왕은 "거룩하신 세존이시여, 이 얘기에 인연법을 듣고 싶습니다. 법을 청하옵니다." 그러자 부처님께서는 다음과 같은 말씀을 하십니다. "나의 말을 잘 들으시오." 그 얘기를 부처님을 대신해서 제가 들려드리겠습니다.

　머나먼 전생에 세 명의 상인이 있었다고 합니다. 그들은 길을 걷다가 너무나 몸이 피곤해서 허름한 주막에 들어갔답니다. 그 주막에는 나이가 많은 할머니가 주막을 지키고 있었습니다. 그래서 그 상인들은 사례를 잘 할 테니 자신들에게 최고의 음식과 침구를 달라고 청하였다고 합니다. 할머니는 주변 이웃집까지 돌아다니면서 그 상인들이 원하는 것들을 정성껏 다 구해주었습니다. 이 상인들이 하룻밤만 보내려다가 너무나 편하고 좋으니 그 주막에서 며칠을 더 지내게 됩니다. 그러다 이제 길을 나서야겠다 하고 셈을 하려고 하니 비용이 너무 많이 나오자 그들은 그 길로 도망을 갑니다. 할머니가 "여보시오, 약속을 했으면 사례를 해야 하지 않겠소" 하니 그 세 상인들이 "나오기 전에 계산 다했구만 어디서 사람을 바가지를 씌우려고 하냐"고 하자 할머니가 너무 분해서 "돈 내놔라, 돈 내

놔라"하니 사람들이 몰려오기 시작했다고 합니다. 그러자 세 상인은 계산을 다 해줬는데, 할머니 또 따라오면 내가 관가에 고발을 하겠다고 소리를 지릅니다. 할머니가 너무 원통해 눈물을 펑펑 흘리면서 세 상인에게 다음과 같은 말했다고 합니다. "내가 지금 힘이 없어서 너희들을 어찌할 수 없지만 이번 생이 아니면 다음 생, 다음 생이 아니면 다 다음 생에 인간이 안 되면 축생이 되어서도 너희들을 죽이고야 말겠다"고 악담을 했다고 합니다. 이와 같습니다. 오늘 하루 동안 죽은 이 세 사람은 전생에 만났던 세 명의 상인이었습니다. 그 세 사람을 죽였던 소는 전생의 그 할머니였던 것입니다.

이 우연 같은 비극적인 일에 이와 같은 깊은 인연의 실타래가 얽혀있었던 것입니다. 우리의 삶이 이래요. 부처님께서 이렇게 말하셨습니다. "나쁜 말과 나쁜 행동으로 남을 업신여긴다면 미움과 원한의 싹이 튼다. 좋은 말과 좋은 마음으로 남에게 친절을 베풀면 원한이 저절로 사라진다. 사람마다 세상에 태어날 때 입 안에 도끼가 있어서 그것으로 자기 몸을 찍나니 그것은 나쁜 말 때문이다." 사람들 입안에 도끼가 있어요. 여러분 불교에서는 입으로 짓는 구업이 무섭다고 해요. 말이 씨가 된다는 말이 있죠? 여러분이 지었던 말, 저주의 말을 정화시키세요. 앞으로는 좋은 말만 하세요. 이렇게 업연의 흐름 속에서 어떻게 지혜롭게 살 것인가를 고민해봐야 합니다.

오비이락

여러분 오비이락(烏飛梨落)이라고 아시죠? 까마귀 날자 배 떨어진다는 말이잖아요. 오늘 오비이락의 출처에 대해서 알게될 것입니다. 중국 양나라 무제 때 천태지자라는 불교 역사에 남는 큰 도인 스님이 계셨습니다. 하루는 그 스님이 천태산에 머물면서 명상을 하고 있는데 눈앞에서 산돼지가 후다닥 도망가더래요. 곧 이어 사냥꾼이 활을 들고 두리번두리번 하면서 나타나서 바위에 앉아있던 천태스님에게 돼지가 어디로 도망 갔는지 묻더래요.

그때 천태스님이 다음과 같은 노래를 부릅니다. "까마귀 날자 배 떨어져 뱀의 머리 부셔졌고, 죽은 뱀은 돼지로 태어나 돌을 굴려서 꿩이 죽었도다. 죽은 꿩이 사냥꾼이 되어 돼지를 잡으려 하니 스님이 이 인연을 밝혀서 맺힌 원한을 풀어주려 하도다"하고 노래를 불렀다고 합니다. 그러면서 "자, 사냥꾼이여 내 말을 잘 들어보시오. 머나먼 과거 전생에 까마귀가 배나무 위에서 놀고 있었다. 까마귀가 푸드득 날아가니 그때 배가 뚝 떨어져 그 나무 밑에 있던 뱀이 맞고 죽어서 돼지가 되었고 그 까마귀는 죽어서 꿩으로 태어났다. 하루는 돼지가 풀뿌리를 캐먹으려고 땅을 파다가 그만 돌이 굴러와서 밑에 있던 꿩 머리를 쳐서 그 꿩이 맞아서 죽었다. 그 꿩이 사냥꾼이 되어서 전생의 돼지를 죽이려고 하고 있구나. 이 원한을, 악연을 언제 끊겠는가. 사냥꾼이여, 화살을 꺾어라. 지금 그 화살을 꺾지 않으면 언제 끊겠는가?" 그러자 사냥꾼이 그 자리에서 화살을 딱 끊으면서 눈물을 흘리면서 "이 죽이고 죽는 사바세계를 넘어서 영원한 행복을 얻고자 합니다. 저를 제자로 받아주십시오" 해서 머리를 깎고 스님이 되어서 나중에는 큰스님이 되었다고 합니다.

이와 같습니다. 불교의 인연법이 이와 같아요. 여러분 한 번 고민해보시길 바랍니다. 우리가 우리 인생에서 수없이 많이 만났던 인연들을 생각해보세요. 나빴던 인연도 있고, 좋았던 인연도 있어요. 이런 인연의 흐름 속에서 우리는 중심을 잡아야 합니다. 바로 중심은 우연은 없다는 것입니다. 인연만 있을 뿐입니다. 그러니 나를 힘들고 괴롭혔던 인연들에게 기도해줘야 합니다. 용서하십시오. 다 내려놓으시길 바랍니다. 그러면 이 생 아니면 다음 생에 좋은 인연으로 만날 것입니다.

공덕을 꽃 피우다

우리 인생에서 수없이 많이 만났던
인연들을 생각해보세요.
나빴던 인연도 있고,
좋았던 인연도 있어요.
이런 인연의 흐름 속에서 우리는
중심을 잡아야 합니다.
바로 중심은 우연은 없다는 것입니다.
인연만 있을 뿐입니다.
그러니 나를 힘들고 괴롭혔던 인연들에게
기도해줘야 합니다. 용서하십시오.
다 내려놓으시길 바랍니다.
그러면 이 생 아니면 다음 생에
좋은 인연으로 만날 것입니다.

사리불 존자의
바늘 공덕

부처님께서는 깨달음을 얻으신 후 중생들을 제도하십니다. 중생들을 제도하시면서 수많은 깨달음을 얻은 걸출한 제자들을 키워내시는데, 그 중 가장 특출난 분들을 십대제자라 하고 그 중에서도 양대 산맥인 부처님의 오른팔, 왼팔로 불린 분들이 지혜제일 사리불 존자 그리고 신통제일 목건련 존자이십니다. 그래서 불교에서는 이 분들을 부처님의 상수제자라 하고 있습니다.

이 두 분은 어릴 적 한마을에서 친하게 자란 사이라고 합니다. 어느 정도 나이가 들었을 때 마을축제가 벌어집니다. 축제는 몇날 며칠 이어졌고 이 두 분도 즐겁고 신나게 놀았으나 문

공덕을 꽃 피우다

득 축제를 즐기고 있는 이들을 보며 '지금은 행복이 가득해 보이지만 백년 후 저들의 모습은 어떠할까?'하는 의문을 갖게 되었다고 합니다. '비록 지금은 기쁘고 행복할지라도 백년 뒤에는 썩어 흙이 되고 재가 될 몸인데 무엇에 집착하는가? 왜 저런 순간의 쾌락에 집착하는가? 아! 이 무상한 것을 놓아버리고 영원한 행복, 영원한 기쁨, 영원한 깨달음과 해탈을 찾고 싶다'는 마음을 일으킵니다.

사람은 타고날 때 유독 자존심이 센 사람이 있고, 부정적인 생각이 많은 사람이 있고, 쾌활하고 긍정적인 에너지를 많이 가진 이가 있고, 종교심이 강한 분들이 있습니다. 아마 사리불 존자와 목건련 존자는 종교심이 강한 분들이었나 봅니다. 종교심이 강한 분들은 스님이 되어 출가를 하거나 수녀님이나 신부님이 되는 것을 볼 수 있습니다. 이 두 분은 서로에게 생각을 털어놓는데, 각자 생각한 것이 같은 것을 보고 함께 출가하기로 결심합니다.

불교의 핵심
인연법(因緣法)

이 두 분은 출가하여 스승을 찾아다니던 중 그때 가장 유명한 종교지도자 가운데 하나인 '산자야'를 찾아갑니다. 이 사람은 궤변론자로 언변이 뛰어나 사람들이 아무리 어려운 질문을 해도 애매모호한 표현을 하며 그 상황을 빠져나가 '뱀장어처럼 빠져나가는 자'라 불렸답니다. 산자야 밑에서 수행한 두 분은 오래지 않아 산자야의 모든 지식을 습득했지만 그 지식이 말장난에 불과하다는 것을 깨닫고 산자야에게 "스승이시여, 이보다 더 높고 훌륭한 가르침은 없습니까? 저희들은 만족할 수 없습니다"하니 산자야는 "내가 가르쳐 줄 수 있는 것은 모두 가르쳐 주었다. 그러니 나와 함께 이 교단을 이끌자. 나와 함께 우리의 종교를 크게 부흥시키자"라고 했습니다.

그러나 이 두 분은 진정한 깨달음, 영원한 행복을 위해 출가했기 때문에 진리에 대한 갈증을 느낍니다. '우리가 겨우 이런 말장난을 배우려고 출가한 것이 아닌데, 이 세상에는 분명히 더 훌륭한 스승이 있을 것이다. 그러니 스승을 찾자'하며 스승을 찾아다닙니다. 이 두 분은 어디선가 훌륭한 깨달음을 얻은 스승이 있다 하면 항상 찾아가 질문을 던지고 대답을 듣습니다. 그러나 어떤 스승을 만나도 마음이 채워지지 않습니다. 사리불과 목건련은 낙담을 합니다. 하지만 희망을 갖기로 합니다. '분명히 이 세상은 넓으니 훌륭한 스승이 계실 것이다. 그러니 둘 중 하나라도 좋은 스승을 만난다면 잊지 말고 찾아와 가르쳐주어 함께 그 스승에게서 공부를 하자'고 언약을 합니다.

공덕을 꽃 피우다

어느 날 사리불이 시장에 갔는데 머리 깎은 스님이 발우를 들고 탁발을 나오셨습니다. 이 모습을 본 사리불은 그 스님에게 거룩하고 아름다운 에너지를 느껴 감동합니다. 사리불은 순간 '저 거룩하신 스님의 스승은 누구일까? 어떤 가르침을 배우고 있을까? 어떻게 보는 것만으로도 감동을 줄까?'하는 의문을 가졌습니다. 그 스님을 따라간 사리불은 스님에게 인사하며 "스님, 스님의 거룩한 모습을 보고 제가 큰 감동을 받았습니다. 스님의 스승은 누구시고, 어떤 가르침을 받으십니까?"하며 질문을 던집니다. 이 스님은 바로 경전에도 나오는 마승(馬勝 - 오비구(五比丘)의 한 사람, 위의(威儀)가 단정하기로 유명하며 사리불을 인도하여 부처에 귀의시켰음)스님으로 부처님 초기 제자 중 한 분입니다.

이 스님은 "저의 스승은 석가족에서 출현하신 성자이십니다. 석가모니(성(姓)은 고타마(gautama)이고 이름은 싯다르타(siddhartha), 석가모니란 석가족(釋迦族)에서 나온 성자라는 뜻, 인도어 무니는 성자이고 샤카족에서 출현한 성자라고 해서 '샤카무니'를 한자표기로 석가모니로 표기함)를 스승으로 모시고 수행하고 있습니다. 저는 스승 밑에서 오랜 기간 공부하지 않았기 때문에 많은 것을 가르쳐 드릴 수는 없습니다. 하지만 우리 스승님의 핵심이 되는 가르침은 전해드릴 수 있습니다"하고 대답하였습니다. 마승 스님의 대답을 듣고 사리불은 기뻐하며 "핵심이 되는 그 가르침이라도 저에게 들려주십시오"하며 정중히 청합니다. 그때 마승 스님은 다음과 같이 게송을 읊었습니다.

제법종연생(諸法從緣生) 제법종연멸(諸法從緣滅)
아불대사문(我佛大沙門) 상작여시설(常作如是說)
모든 것은 인연 따라 일어나고, 모든 것은 인연 따라 사라진다.
부처님께서는 항상 이와 같이 말씀하신다.

이것이 바로 불교의 핵심인 인연법(因緣法)입니다. 이 인연 법만 알면 우리는 우주에서 가장 자유로운 존재가 될 수 있습니다. 이 말을 들은 사리불 존자는 그 자리에서 바로 첫 번째 깨달음을 얻으십니다. 전생에서부터 수행을 많이 했기에 한 마디만 듣고도 깨달음을 얻으신 겁니다. 사리불은 이 한 마디로 마음에 있던 갈증이 사라지고 가슴속에서부터 기쁜 환희심이 솟아오릅니다. 드디어 진정한 법과 진리, 진정한 스승을 만난 사리불 존자는 그 기쁜 마음을 갖고 친구인 목건련 존자를 찾아가 마승 스님에게서 들은 게송을 들려주는데 목건련 존자도 마찬가지로 첫 번째 깨달음을 얻으십니다. 사리불 존자와 목건련 존자는 정말 좋은 친구입니다. 친구를 보면 그 사람을 알 수 있다고 하지요? 친구도 인연 따라 자기 수준에 맞는 사람을 만난다고 합니다.

공덕을 꽃 피우다

이 두 분은 '부처님 밑에서 출가하여 진정한 깨달음을 구하자'고 결심하고 부처님 계신 곳을 찾아갑니다. 부처님은 이 모습을 이미 보고 수많은 제자들에게 "보라, 저 둘은 앞으로 나의 제자들 중에서 가장 훌륭한 상수제자가 될 것"이라고 선언을 하셨답니다. 그리고 사리불과 목건련은 부처님이 계신 사원에 당도하여 머리 깎고, 승복을 입고, 계율을 받아 스님이 되십니다. 이제부터 사리불 스님, 목건련 스님이 되십니다. 부처님의 자상한 지도 아래 수행을 시작하게 되고, 결국 완전한 깨달음을 얻어 그토록 원하던 진리를 체득하며 영원한 자유를 얻게 됩니다. 그리고 부처님 양옆에서 부처님을 도와 법을 펼치고, 수많은 중생을 제도하는 부처님의 가장 훌륭한 제자 중한 분이 됩니다.

사리불 존자는 지혜가 아주 뛰어났다고 합니다. 그래서 부처님은 "나의 수많은 제자들 가운데 위대한 지혜를 가진 자중에서 사리불이 으뜸이다"라고 하셨답니다. 부처님께서는 설법을 많이 하셨습니다. 한 명의 중생이라도 진리의 가르침을 주기 위해서였습니다. 하루는 부처님께서 사리불에게 수많은 제자들 앞에서 부처님을 대신하여 설법을 하라고 부탁하셨답니다. 사리불의 설법을 모두 들으신 부처님께서는 "나의 제자들아, 내가 설법을 하였다 해도 사리불과 다르지 않았을 것"이라고 말씀하셨습니다.

완전한 깨달음을 얻은 사리불 스님은 좀처럼 화를 내지 않으셨는데, 이것을 불교에서는 인욕(忍辱 - 욕된 것을 참아낸다)이라 하고 이를 알 수 있는 예로, 어느 날 사리불 스님이 마을로 탁발을 내려갔습니다. 많은 마을 사람들이 깨달음이 크신 사리불 스님을 맞기를 기쁜 마음으로 고대하고 있었지만, 그 중 심술궂은 한 사람이 사리불 스님의 화내지 않음을 시험하기 위해 스님 등 뒤에서 몸이 휘청거릴 정도로 세게 후려쳤답니다. 하지만 스님은 뒤도 돌아보지 않고 흐트러진 옷깃만 여미시고는 가던 길을 계속 가셨답니다. 이에 사리불 스님을 때린 사람은 감탄하여 스님 앞에 절을 하며 용서를 구했다고 합니다.

하지만 사리불 스님은 "용서를 구했으면 그것으로 끝입니다. 괜찮으니 가던 길로 가시지요"라고 하셨답니다. 더욱 감탄한 이 사람은 스님께 자신의 집으로 모셔서 공양 올리기를 청하였답니다. 이때 마을 사람들은 이 사람이 사리불 스님께 행패 부린 것을 알고 몽둥이를 들고 달려들었으나 사리불 스님은 "맞은 건 나인데, 왜 여러분 손에 몽둥이가 있습니까?"라고 하시며 "나는 이 사람을 용서했으니 모든 원한은 끝이 났습니다. 어서 돌아들 가시지요"라고 하셨답니다. 이 모든 상황을 지켜본 심술궂은 사람은 감동하여 불교에 귀의했다고 합니다.

이 소식을 들은 부처님께서는 사리불 존자를 칭찬하시며 "깨달음을 얻은 자는 마음 속 분노가 완전히 소멸된다. 그래서

공덕을 꽃 피우다

화를 내고자 하여도 낼 수가 없다. 분노의 뿌리가 없어져 자유로워지는 것인데 이런 사람이 있다면 그는 바로 사리불"이라고 하셨답니다.

완벽주의자
사리불 존자

사리불 존자는 부처님의 가르침을 철저히 지키고 자신에게는 매우 엄격하셨다고 합니다. 사리불 존자의 이야기를 듣다 보면 아주 깐깐한 송곳 같은 예리함을 느낄 수 있습니다. 그 한 가지 예가 있습니다.

부처님께서는 속가에서 낳은 아들 라홀라를 일곱 살에 출가시켰는데, 이의 교육을 사리불 존자에게 맡기셨답니다. 하루는 사리불 존자가 라홀라와 제자들을 데리고 어느 부잣집에 공양을 갔었는데, 부자는 사리불 존자에게는 가장 좋은 자리와 음식을 대접하고 다른 스님들에게는 평범한 자리와 음식 그리고 라홀라에게는 가장 낮은 자리와 거친 음식을 대접했다고 합니다.

부처님께서는 모든 상황을 알고 계셨지만 사원으로 돌아온 라홀라에게 오늘 먹은 음식에 대해 물으니 라홀라는 "아주 거친 음식을 먹어 속이 편치 않습니다"하고 고했다지요.

이어서 부처님은 사리불 존자에게 "사리불아, 그대는 오늘 어떤 공양을 받았느냐?"하고 물으시니 사리불은 "아주 영양가 풍부하고 진귀한 음식을 대접 받았습니다"하고 대답했습니다. 이에 부처님께서는 꾸짖으시며 "사리불아, 너는 오늘 정말 큰 실수를 했구나. 나의 제자들은 공양을 받을 적에 좋으면 좋은 대로 나쁘면 나쁜 대로 똑같이 받아야 하는데 어찌하여 차등을 두어 공양을 받았느냐? 사리불아, 그것은 붓다의 법이 아니다"라고 말씀하셨습니다. 사리불은 부처님께 용서를 구하고는 꾸중들은 공양물을 몸 안에 둘 수 없다며 병풍 뒤에서 그날 먹은 음식을 모두 토해냈다고 합니다.

사리불 스님이 자신에게 철저하게 한 또 다른 예로는 사리불은 병이 있어 의사에 진찰하니 다섯 종류의 고기 비계를 먹으면 낫는다는 처방을 받았지만 수행자로서 할 수 없는 일이라 하여 먹지 않으니 병이 더욱 깊어졌답니다. 이 때 부처님께서 사리불에게 "몸이 건강해야 수행할 수 있고, 몸이 건강해야 중생을 널리 제도할 수 있다. 의사가 먹으라고 처방했다면 고기라 하더라도 먹어라. 그런 후 건강을 되찾아서 더 열심히 수행해서 중생을 제도해야 하지 않겠느냐"하고 말씀하셨습니다. 부처님의 합리주의를 볼 수 있는 사례이기도 합니다.

사리불 존자는 부처님 보다 6개월 정도 먼저 이 세상을 떠

공덕을 꽃 피우다

나는데 죽음을 앞둔 사리불 존자는 부처님께 찾아가 "제가 마지막으로 하고자 하는 일은 어머니를 제도하는 것입니다"라고 작별을 고하며 부처님 곁을 떠나 어머니를 찾아가셨답니다.

어느 날 저녁 사리불 존자가 묵는 방에 세 번이나 온 집안을 밝힐 정도로 환한 빛이 있다가 사라졌답니다. 이를 궁금히 여긴 모친은 제자들에게 그 빛에 대해 질문을 하였습니다. 이에 제자들은 첫 번째 빛은 하늘세계 사천왕들이 사리불 존자가 이 세상을 떠나기 전 마지막 인사를 올리러 왔던 것이고, 두 번째 빛은 도리천의 제석천왕(도교의 옥황상제)이 마지막 인사를 올리러 왔던 것이고, 세 번째 빛은 하늘세계 브라만 신이 마지막 인사를 왔던 것이라고 하였답니다.

브라만교를 믿고 있던 사리불 존자의 어머니는 아들인 사리불 존자가 하늘의 사천왕, 도리천의 제석천왕 그리고 브라만 신보다 훨씬 위대하다는 것을 듣고는 그런 아들의 스승인 부처님은 얼마나 더 위대한 분이시겠는가 감탄하여 아들인 사리불 존자의 발을 주물러 드리고 용서를 구하며 자신에게 좋은 법문을 내려줄 것을 청하셨답니다. 사리불 존자는 혼신의 힘을 다해 어머니를 위해 설법을 하셨습니다. 사리불 존자의 설법을 들은 어머니도 그 자리에서 깨달음을 얻으셨답니다.

사리불 존자가 이 세상을 떠난 후 부처님께서는 "나는 마치 가지가 없는 큰 고목과 같다. 사리불이 열반한 것은 나의 큰 나무에서 가지가 없어진 것과 같다"고 하셨답니다.

사리불 존자의
전생 이야기

사리불 존자가 이와 같은 큰 깨달음과 지혜로 수많은 중생들을 제도할 때 여러 제자들은 부처님께 "거룩하신 세존이시여, 사리불 존자는 어떠한 공덕이 있기에 저와 같이 날카롭고 예리한 훌륭한 지혜가 있는 것입니까?"하고 여쭈니 부처님께서는 "내 업은 반드시 내가 받는다. 내가 지은 복도 내가 받고 내가 지은 나쁜 업도 내가 받는다. 저 지혜는 사리불 자신이 지은 공덕의 힘"이라고 하셨답니다.

사리불 존자는 머나먼 전생에 여자였는데, 그 오빠가 출가를 하였답니다. 출가하는 오라버니에게 여동생은 "오라버니, 출가한 후 열심히 수행하여 깨달음을 얻으신다면 꼭 저희 집에 오셔서 제가 올리는 공양을 받아주시어 제가 복을 짓도록 해주세요"하고 약속을 했답니다. 그 오라버니가 깨달음을 얻은 후 여동생 집에 가서 머무는데 여동생은 3개월간 공양을 올리며 법문을 들었답니다. 3개월 후 스님은 다른 이들을 제도하기 위해 길을 떠나며 여동생에게 열심히 수행할 것을 당

공덕을 꽃 피우다

부하였고 여동생은 아쉬움에 이불, 바늘, 칼을 공양물로 올렸답니다.

오라버니 스님은 여동생에게서 보시 받은 칼이 얼마나 날카로운지 시험하기 위해 베어보니 아주 날카로웠답니다. 이를 본 여동생은 무릎을 꿇고 합장하며 "다음 생에 다시 태어나면 날카로운 칼을 스님께 보시한 공덕으로 저 칼과 같이 날카롭고 예리한 지혜를 갖게 해 주십시오"라고 원력을 세웠고, 또한 스님이 바늘의 날카로움을 시험하기 위해 옷을 꿰매셨는데 바늘이 막힘없이 옷을 꿰뚫는 것을 보고 "제가 다시 사람으로 태어난다면 제가 예리한 바늘을 스님께 보시한 공덕으로 저 바늘과 같이 아무런 막힘이 없는 지혜를 얻게 해 주십시오"하고 원력을 세웠답니다. 이렇게 칼과 바늘을 보며 스스로 강력한 원력을 세웠던 여동생은 이번 생에서 칼과 같이 날카롭고 예리하며, 바늘과 같이 막힘없고 걸림 없는 지혜를 얻을 수 있었답니다.

사리불도 머나먼 전생에는 여러분과 같은 평범한 사람이었습니다. 자기가 지은 업은 절대 사라지지 않습니다. 착한 업을 지으면 언젠간 행복한 결과로 오고 나쁜 업을 지으면 언젠간 불행한 결과로 옵니다. 사리불 존자의 바늘공덕에 대해 깊이 사유해 보시기 바랍니다. 그리고 여러분이 선업과 공덕을 많이 짓고, 악업을 소멸하는 삶을 사신다면 이번 생이 아니면 다

음 생 또는 다다음 생이라도 여러분이 지은 공덕의 힘을 반드
시 성취하게 될 것입니다.

공덕을 꽃 피우다

부처님께서는 계율을
정말 중요시 하셨습니다.

"나의 제자들아, 사람들에게는
모두 생명이라는 것이 있다.
수행자에게는 그것이 바로 계율이다.
계율은 소중한 것이니 항상
지켜야 하는 것이니라"하고
설법하셨답니다.

목건련 존자의
인과응보(因果應報)

목건련 스님(인도 마가다(magadha 국)의 바라문 출신으로 신통력이 뛰어나 신통제일이라 일컬음) 원래 이름은 인도어로 '목갈라나(moggallana)'이셨습니다. 그곳에서는 위대한 목갈라나 스님이라는 뜻으로 '마하 목갈라나'로 불리셨지요. 불교가 중국을 통해 전파되면서 한자어 표기로 목갈라나에서 목건련으로 되었고, 나중에는 목련 존자로 줄여 부르게 되었습니다.

목련 존자는 출가 후 일주일간 열심히 수행을 하셨습니다. 일주일 째 되던 날 지친 나머지 꾸벅꾸벅 졸게 되었는데요. 이 모습을 보신 부처님께서는 비록 목련 존자가 피곤하여 졸고 있지만 지금이야말로 바로 깨달음을 얻을 시기인 것을 아시

공덕을 꽃 피우다

고는 신통력으로 졸고 있는 목련 존자 앞에 나타나셔서 "목련아!"하고 부르시니 깜짝 놀라 깨어난 목련 존자는 "거룩한 스승이시여, 제가 수행하다가 그만 혼침(불교용어로 조는 것)에 빠졌습니다. 부처님, 참회드립니다" 하였습니다.

이어서 부처님께서는 목련 존자에게 설법을 펼치시는데 이를 들은 목련 존자는 출가한 지 일주일만에 완전한 깨달음을 얻습니다. 이렇게 빠른 시간에 완전한 깨달음을 얻으시다니 목련 존자는 전생에 수행을 많이 하셨던 분이신거죠. 이후 목련 존자는 부처님을 제외하고는 신통력이 가장 뛰어났다고 합니다. 그 신통력으로 수많은 중생들을 제도하셨습니다.

부처님께서는 계율을 정말 중요시 하셨습니다. 비구스님은 250개의 계율을 지킬 것을 말씀하셨지요. 부처님께서는 포살법회(매월 15, 30일 또는 14, 29일 한곳에 모여 250개의 조문집인 '바라제목차'의 한 조목을 3번씩 읽으며 계율을 범한 자는 다른 승려들에게 고백 참회하는 의식)를 여시는데, 어느 날은 시간이 오래 지나도록 한 말씀도 하지 않으시고 침묵하고 계셨습니다. 그 침묵은 저녁이 지나도록 계속되었지요. 모두들 궁금해 하고 있는데 목련 존자가 신통력으로 부처님의 마음을 헤아려보니 계율을 암송하는 이 법회자리에 계율을 어긴 스님이 하나 있어 부처께서 설법을 펼치지 않고 계신 것을 알았습니다. 이에 목련 존자는 타심통(他心通)으로 계율을 어긴 스님을 찾아내 밖으로 내

쫓으셨습니다. 이윽고 부처님께서 침묵을 깨트리시고 "나의 제자들아, 사람들에게는 모두 생명이라는 것이 있다. 수행자에게는 그것이 바로 계율이다. 계율은 소중한 것이니 항상 지켜야 하는 것이니라"하고 설법하셨답니다.

목련 존자는 신족통(육통(六通)의 하나 신여의통(身如意通)이라고도 한다. 시기(時機)에 응하여 크고 작은 몸을 나타내어 자기의 생각대로 날아다니는 능력)이 있으셨습니다. 신족통은 먼 거리를 빠른 속도로 이동하는 축지법이 아니라 차원이 다른 곳으로 이동하는 능력을 말합니다. 신족통을 갖고 있는 목련 존자는 지옥이나 천상계에도 가셔서 법문을 들려주시곤 했답니다. 천상계(천상계는 모두 28개의 천으로 구성되어 있고 28천은 크게 무색계(無色界)의 4천과 색계(色界)의 18천, 욕계(欲界)의 6천으로 나눠짐)에 태어나면 좋을 것 같지만 불교에서는 천상계에는 태어나는 것이 가장 좋은 것만은 아니라고 말합니다. 그 이유 중 하나는 천상의 신들이 죽는 이유가 여럿 있는데, 가장 많은 것이 너무 즐겁고 행복하여 노느라 밥 먹는 것도 잊어 굶어 죽는 일이 많다고 합니다. 어떤 때에 목련 존자는 스님의 가르침을 받고 수행하여 천상계에 태어난 이들을 만나기도 하는데 목련 존자를 스승으로 모셨을 때에는 무릎 꿇고 공경하였지만 천상계에서 목련 존자를 만나서는 인사도 건성으로 하고 지나치는 이들도 있었답니다. 천상계에서는 너무 편안하고 행복하여 수행하는

공덕을 꽃 피우다

것도 잊는 것이지요. 이렇게 천상계에서 수행도 않고 복을 까먹으면 다시 안 좋은 곳으로 떨어진다고 합니다.

하루는 천신들에게 법문을 하시는데 천상계의 왕이 목련 존자의 말씀을 듣지도 않고 교만하게 행동하는 것을 보고 천왕을 아끼는 마음에 그 교만을 없애주기 위해 발가락으로 천상계의 궁전 기둥을 건드리니 천상계가 지진이 일어나 천왕이 그때서야 목련 존자께 용서를 구했다고 합니다.

목건련 존자와
구두쇠 꼬시아 이야기

부처님께서는 아침에 일어나시면 천안통(육통(六通)의 하나 - 육안으로 볼 수 없는 것을 보는 신통력)으로 그날 부처님과 인연이 닿아 제도할 중생을 살피셨답니다. 어느 날 먼 마을에 꼬시아라는 큰 부자가 있는 것을 발견하십니다. 이 부자는 아주 인색하지만 과거생의 인연으로 이생에서 제도할 수 있겠다고 꿰뚫어 보셨습니다.

부처님께서는 목련 존자가 꼬시아를 제도할 인연이 있는 것을 아시고는 "목련이여, 저 마을에 꼬시아라는 부자가 있는데 그 구두쇠를 그대가 마땅히 제도하라"고 말씀하십니다.

꼬시아라는 부자가 얼마나 구두쇠였냐 하면, 인도의 음식 짜파티(밀가루 반죽을 얇고 둥글게 모양을 만들어 간을 하지 않고 화덕에 구운 담백한 빵)라고 하는 서민음식이 있는데 '내가 지금 짜파티를 먹자 하면 이 집안사람 모두가 먹으려 할 것이니 음식 재료가 많이 들 것이다. 그러니 참자'하며 자기도 굶었다 합니다. 이윽고 너무 굶어 탈진한 꼬시아는 침대에 쓰러지는데, 이를 본 꼬시아의 부인이 이유를 물으니 "짜파티가 먹고 싶으나 밀가루가 많이 들 것이 염려되어 먹지 못한다" 했답니다. 꼬시아의 부인은 '온 마을 사람들이 먹을 수 있을 만큼 많이 만들 테니 걱정하지 말라' 했답니다. 이 말을 들은 꼬시아는 펄쩍 뛰며 "내가 먹고 싶은 것을 왜 남에게도 주려하느냐" 했답니다. 그러자 부인은 "그럼 집안 사람들이 먹을 정도만 만들겠다"고 했답니다. 하지만 꼬시아는 "내가 먹을 것을 왜 집안 사람들까지 챙기느냐"며 화를 냈답니다. "그렇다면 우리와 아이들이 먹을 것만 만들겠다"하니 꼬시아는 그래도 화를 내며 아이들에게 준다는 것도 아까워했답니다. 이어서 부인은 "그러면 당신과 나만 먹읍시다" 했지만 꼬시아는 그것도 싫다고 했답니다. 하는 수 없이 부인은 "그럼 당신만 먹을 수 있게 7층 옥상에서 짜파티를 해주겠다"고 하며 문을 걸어 잠그고 짜파티를 만들었답니다.

신통력으로 이런 상황을 모두 보고 있던 목련 존자가 그 두

공덕을 꽃 피우다

사람 앞에 나타나시니, 꼬시아는 화를 내며 '아무도 못 오게 하였건만 어떻게 나타났을까?'하는 의문을 가졌습니다. 목련 존자는 아무 말하지 않고 발우를 꼬시아 앞에 내미는데(부처님 당시에 스님들은 중생들에게 '밥을 달라'는 말을 하지 않아야 했답니다. 만약 '밥을 달라'는 말과 함께 발우를 내민다면 그것은 거지와 다르지 않기 때문이었습니다) 목련 존자에게 공양하는 것이 아까운 꼬시아는 목련 존자에게 신통력을 보여주지 않으면 절대 음식을 줄 수 없다고 합니다. "공중으로 솟구치면 주겠다, 공중에서 앞뒤로 왔다 갔다 하면 주겠다, 공중에서 가부좌를 틀고 앉는다면 주겠다는 소리에도 목련 스님이 모든 것을 실현해 보이니 꼬시아는 마지막으로 목련 스님에게 몸에서 연기가 나오면 주겠다"고 했답니다. 신통제일 목련 존자는 온몸에서 연기를 뿜어내 온 집안을 연기로 가득 채우니 꼬시아도 매운 연기에 눈물이 날 정도였답니다. 꼬시아는 목련 존자에게 입에서 불을 뿜을 것을 보여 달라 하려 했지만 지금까지 모든 상황을 보아하니 이도 실현 가능해 목련 존자가 내뿜는 불에 온 집안이 불에 탈 것을 염려하여 공양을 올리기로 했습니다.

꼬시아는 부인에게 아주 조그맣게 만들라 했답니다. 이에 부인이 아주 작게 만들려고 반죽을 조금 떼어 놓았지만 음식은 크게만 만들어졌답니다. 목련 존자가 신통력을 보이신 거죠. 하는 수 없이 꼬시아는 목련 스님에게 공양을 올리는데 하나가 아니고 줄줄이 붙어갔다고 합니다. 이를 보고 놀란 꼬시아가 짜파티를 거두려 했으나 불가능한 일이었습니다. 지친 꼬시아는 목련 스님에게 "스님 나도 나이지만 스님도 참으로 별나오. 이렇게까지 해서 먹고 싶습니까?"하며 바구니 채 공양을 올렸다고 합니다.

목련 스님은 모든 욕심을 내려놓은 이때가 바로 꼬시아를 제도할 수 있는 때인 것을 알고 설법하시는데 "꼬시아여, 당신이 이렇게 큰 부자로 태어난 것은 전생에 복을 많이 지어서 된 것인데 이생에서 이렇게 인색하게 산다면 다음 생에는 아주 가난하고 비천하게 태어날 것이니 복을 지으십시오. 자기 업은 자기가 받는 것입니다"라고 하셨습니다.

이를 들은 꼬시아 마음속에 숨겨있던 불심이 살아나 목련 존자를 좋은 자리로 모시고 시중 받을 것을 청했답니다. 이에 목련 스님은 꼬시아를 제도할 수 있는 좋은 기회라는 것을 알고는 "지금 직접 부처님께 만들어 놓은 짜파티와 꿀과 마실 것 등 여러 음식들을 가지고 부처님께 공양을 올리러 갑시다" 하고 권하니 꼬시아도 흔쾌히 준비를 하였습니다.

이 때 꼬시아는 부처님은 제따와나 사원에 계시는데 그 먼 곳까지 어떻게 가느냐며 낙담했지만 목련 존자는 "당신이 진정 원한다면 빠른 속도로 갈 수 있습니다"라고 말했습니다. 신심이 오른 꼬시아가 무릎 꿇고 합장하며 "저는 진정으로 부처

　　　　　　　　　　　　　공덕을 꽃 피우다

님께 직접 공양 올리기를 발원합니다"하는 순간 목련 존자가 신통력을 보여 7층 옥상을 통째로 부처님이 계신 제따와나 사원으로 옮기셨다고 합니다.

부처님 계신 곳에 도착한 꼬시아는 부처님께 예배드리고, 준비한 음식을 부처님과 수백 명의 스님들께도 공양을 올렸습니다. 음식이 모자랄 것을 염려하였으나 부처님과 스님뿐 아니라 사원에서 일하던 일반인들에게까지 나누어 주었는데도 짜파티가 남았다고 합니다. 남은 짜파티를 어떻게 해야 하는지 부처님께 여쭈니 사원 뒤편 어두운 동굴에 버리라고 하셨는데, 이후부터 그 동굴을 짜파티 동굴이라고 불렀다고 합니다. 꼬시아의 공양을 받으신 부처님께서는 설법을 하셨고 이를 들은 꼬시아와 부인은 그 자리에서 깨달음을 얻게 되었답니다.

천상에 태어나는 공덕
진실, 인욕, 보시

하루는 목련 존자가 하늘세계에 올라가 천녀 즉 우리가 아는 선녀를 만나는데, 천상계의 선녀들은 우리 인간들과는 비교할 수 없을 정도로 예쁘답니다. 목련 존자는 선녀에게 "전생에 어떤 복을 지었기에 이리도 아름답게 천상에 태어났습니까?"하고 물으니 부끄러워 하며 정말 사소한 공덕이기에 이야기할 수 없다 사양했지만 목련 존자는 오히려 일반인들이 실천하기 쉬운 일을 알려주면 모두 복을 지을 수 있다며 재차 청하였습니다.

그 선녀는 "전생에 항상 거짓말을 하지 않고 항상 진실되게 살았기에 선녀로 태어났다"고 말했습니다. 또 다른 선녀를 만나 같은 질문을 던지니 이 선녀는 "저는 머나먼 전생에 하인이었는데 주인이 심하게 때리고 학대하여 분노가 끓어올랐지만 이를 참고 화를 내지 않았다"고 말했습니다. 이어서 다른 이에게 같은 질문을 하니 "저는 사탕수수밭의 하인이었는데 지나가시는 스님을 만나 갈증을 느낄 것 같아 진심에서 우러나 공경하는 마음으로 사탕수수 하나를 공양하였는데 죽어서 눈을 뜨니 하늘세계에 태어났습니다"라고 하였고, 또 다른 선녀는 "탁발 나온 스님을 만났으나 너무나 가난하여 공양물이 없었지만 밭에 심어놓은 무를 하나 뽑아 공양하였는데, 하늘세계에 태어났습니다." 다른 선녀는 "저는 더 가난하여 제가 먹으려 따 놓은 나무열매 하나를 스님께 공양하였는데 하늘세계에 태어났습니다"라고 대답하였습니다.

지상으로 내려온 목련 존자는 부처님께 무릎 꿇고 합장하며 여쭙기를 "부처님, 이와 같이 작은 복을 지은 것으로도 하늘세계에 태어날 수 있습니까?"하니 부처님께서는 "된다, 안 된다" 대답하지 않으시고 "목련아, 목련아, 네가 직접 묻고 듣지 않았느냐?" 하셨답니다. 이에 목련 존자는 부처님께 무릎 꿇고 합장하며 "공경하는 착한 마음으로 자그마한 복이라도 짓는다면 하늘세계에 태어날 수 있다는 것을 저는 확신합니다" 하고 대답했답니다. 이에 부처께서는 "진실을 말하고, 화내지 않고, 작은 것이라도 사람들에게 베풀 수 있다면 이러한 세 가지 일 만으로도 마땅히 하늘세계에 태어날 수 있으리라"고 말씀하셨답니다.

제가 정말 좋아하는 법문입니다. 신도들에게 힘들고 괴로운 것을 시키지 않고, 착한 마음을 내고, 양심껏 살고, 작은 것 하나라도 공경하는 마음으로 보시할 수 있다면 그게 모두 엄청난 복이 된다는 것이죠. 그래서 저는 불교가 좋습니다. 우리 부처님은 너무 소박하신 분입니다. 여기에서 중요한 것이 있습니다. 위에 나온 선녀들이 사탕수수 한 줄기를 보시하고, 나무열매를 보시해서 부처님이 하늘세계에 태어나게 해준 것이 아닙니다. 절대 그런 법은 없습니다. 내가 지은 업은 내가 받고, 내가 지은 복은 내가 받습니다. 부처님은 올바른 선업과 복을 짓는 방법을 가르쳐주기 위해 오신 겁니다. 그것이 부처님의 가르침입니다. 경제적 부담도 없으니 얼마나 좋습니까? 그러니 복을 지으셔야 합니다.

목건련 존자의 열반

이와 같이 훌륭한 목련 존자도 이 세상에서의 마지막은 참으로 끔찍했습니다. 이교도들은 갈수록 자신들 신도가 줄어드는 것이 모두 목련 존자가 천상계와 지옥계를 자유로이 다니며 선업을 짓고 악업을 피하는 방법을 가르쳐주기 때문에 사람들이 모두 불교에 귀의하고 있고, 불교는 점점 신도들이 늘어나 세력이 엄청나게 커지니 이러다 우리들은 모두 굶어죽게 생겼다며 목련 존자를 죽이기로 모의를 합니다. 이들은 오백 명의 산적들을 모으고 천 냥의 돈을 모아 목련 존자의 암살을 사주합니다. 산적들은 목련 존자를 암살하려 호시탐탐 노렸으나 신통력으로 피해 다니는 목련 존자를 암살할 수 없었습니다.

삼 개월이 지나서 자신이 떠날 때가 된 것을 안 목련 존자는 신통력을 멈추고 순순히 산적들에게 잡힙니다. 산적들은 목련 스님에게 사정없이 몽둥이질을 하는데 기록에 의하면 머리에서부터 발가락 끝까지 뼈들이 모두 쌀알 조각만 하게 부서졌다고 합니다.

목련 존자가 죽었다고 생각한 산적들이 흩어지고 난 후 목련 존자는 부처님께 예도 올리지 않고 그대로 이승을 떠날 수는 없기에 신통력을 발휘하여 원래의 몸으로 돌아왔답니다. 부처님 앞에 당도한 목련 존자는 무릎 꿇고 합장하며 "거룩하

공덕을 꽃 피우다

신 세존이시여, 이제 제가 떠날 때가 되었습니다"하고 말씀드렸답니다. 부처님께서는 모든 상황을 알고 계시기에 목련 존자에게 "떠나기 전 마지막으로 불자들에게 설법을 펼치라. 이제 더 이상 그대와 같이 위대한 제자를 만날 수는 없겠구나" 하고 말씀하셨답니다.

이에 목련 존자는 여러 불자들 앞에서 공중에 솟구치는 등 온갖 신통력을 보이고 설법을 하였고, 그 자리에 있던 불자들은 깨달음을 얻었답니다. 이윽고 목련 존자는 자신과 인연 있던 '깔라실라'라는 마을에 가서 영원한 해탈에 들었답니다.

목련 존자의 마지막을 전해들은 왕은 그 사건을 철저히 조사해서 오백 명의 이교도와 오백 명의 산적을 잡아들여 천 명을 사형시킵니다. 이 소식을 들은 불자를 포함한 수많은 사람들이 인과응보를 말씀하시는 부처님의 법을 따른 목련 존자가 그렇게 끔찍한 죽음을 맞이했다며 부처님의 인과응보를 믿을 수 없다고 했습니다.

이를 전해들은 부처님께서는 "이번 생만을 두고 본다면 너희들의 말이 맞지만 과거 전생 목련 존자 행실을 들어보면 이해가 갈 것이다"하시며 목련 존자의 과거 생을 말씀하셨습니다. 머나먼 과거 전생에서 목련 존자는 눈이 먼 부모를 모시고 사는 착한 젊은이였는데 때가 되어 결혼을 했습니다. 그 아내는 처음에는 착한 듯했지만 시부모를 모시고 사는 것에 짜증을 내게 됩니다. 그래서 남편에게 '부모님을 죽이자'고 계속 꼬드겼답니다. 처음에는 펄쩍 뛰던 목련 존자도 마음이 변하여 결심을 하고는 어느 날씨 좋은 날 부모님께 소풍을 가자고 했답니다. 그 곳에서 목련 존자는 부모님께 돗자리를 펴 앉으시게 하고는 강도로 목소리를 변장하여 부모님을 처참히 때려 죽였답니다. 이때 부모님은 죽는 순간까지 "아들아, 아들아, 강도가 왔다. 우리가 강도를 붙잡고 있을 테니 너는 어서 피하거라" 하셨답니다.

목련 존자는 이러한 악업으로 수 없는 생을 지옥에 떨어져 고통을 겪게 됩니다. 인간으로 태어난 후에도 부모를 때려죽인 악업으로 항상 맞아죽는 업보를 받았답니다. 그리고 이번 생에서는 "불법을 만난 인연으로 깨달음을 얻고 중생을 제도하는 생을 살았지만 부모님을 때려죽인 악업이 너무 강하기 때문에 목련 존자는 스스로 그 악업을 받은 것이다. 나의 제자들아, 이제 목련 존자는 삶과 죽음을 완전히 뛰어넘었기 때문에 더 이상 이와 같은 고통을 받지 않을 것이다. 이것이 바로 인과응보이니라" 하셨답니다.

우리 앞에 펼쳐진 행복한 일, 우리 앞에 펼쳐진 불행한 일, 다 인과응보입니다. 모두 내가 지은 업입니다. 이 업을 목련 존자와 같은 신통제일도 못 피하셨습니다. 다만 '내 업은 내가 받겠다'고 하며 편안히 받으셨습니다.

공덕을 꽃 피우다

여러분, 살아가면서 안 좋은 일이 생기면 누구한테 짜증내지 마십시오. '내가 전생에 지은 빚을 지금 갚고 있구나. 이번 생에 이 빚을 갚고 열심히 복을 지으면 다음 생에라도 나는 행복한 삶을 살게 될 것이다'라는 믿음을 갖추시기 바랍니다. 여러분들의 업은 여러분들이 짓고 여러분들이 받는 것입니다. 여러분들의 삶을 행복이 가득한 삶으로 창조하고 싶다면 인과응보의 가르침을 철저히 믿고 의지하시기 바랍니다.

부처님께서는
"진실을 말하고, 화내지 않고,
작은 것이라도 사람들에게 베풀 수 있다면
이러한 세 가지 일 만으로도 마땅히
하늘세계에 태어날 수 있으리라"고
말씀하셨답니다.
제가 정말 좋아하는 법문입니다.
신도들에게 힘들고 괴로운 것을 시키지 않고,
착한 마음을 내고, 양심껏 살고,
작은 것 하나라도 공경하는 마음으로
보시할 수 있다면 그게 모두
엄청난 복이 된다는 것이죠.
그래서 저는 불교가 좋습니다.

복과 지혜를
함께 닦아라

인생을 살다보면 내가 원하는 것을 쉽고 빠르게 얻는 경우가 있습니다. 이때 우리는 '복(福)이 많다'고 하고, 반대로 간절히 원하지만 아주 늦게 힘들게 이루는 경우가 있습니다. 이때는 '복이 없구나' 하지요.

복이 많을수록 좋은 일이 생기고, 복이 없을수록 안 좋은 일이 생깁니다. 그래서 아무리 열심히 노력하고 준비를 많이 했음에도 일이 잘 이루어지지 않을 때는 근원적인 것을 한 번 살펴볼 필요가 있습니다. '타고난 복이 부족한가?' '전생에 심어놓은 복이 부족하지 않은가?' 하고 말이지요. 부처님께서는 전생에서 자신이 지은 악업의 영향을 이생에서 피할 수 없다고 하셨습니다. 그래서 전생에 쌓아놓은 복이 없다면 이생에서라도 열심히 수행 정진하여 끊임없이 복을 많이 지어야 한다는 가르침을 많이 내리십니다.

복에도 두 가지 종류가 있습니다. 하나는 깨끗한 복인 청복(淸福), 다른 하나는 탁한 복이라고 하는 탁복(濁福)이 있습니다. 탁복은 잘 먹고 잘사는 복을 말합니다. 즉 좋은 옷을 입고, 좋은 음식을 먹고, 돈을 많이 버는 등 세속적인 욕망을 일으키는 복입니다. 청복은 수행하는 복으로 깨달음을 얻을 수 있는 복을 말합니다.

여러분은 둘 중 어느 복을 받길 원하시나요? 절에 와서 신앙생활을 하는 대부분의 불자님들은 깨달음의 청복 보다는 집안 식구들의 건강과 사업번창 등 탁복을 기원하는 분들이 많습니다. 탁복과 청복으로 복을 나누었을 때 여러분 주변을 보면 잘 먹고 잘 살고 잘 나가지만 안 좋은 언행을 하는 사람들이 있을 겁니다. 이런 사람들은 탁복은 있지만 지혜가 부족해 그렇습니다. 반대로 몇 마디 나눠보지 않아도 깊이가 느껴지고, 착한 일을 많이 하는 사람 그리고 마음을 닦기 위해 수행을 많이 하는 사람들은 지혜가 많은 사람으로 청복이 있는 것입니다. 실제로 불교의 역사만 살펴봐도 수행이 깊은 도인 스님들도 먹고 사는 문제가 힘들었던 스님들이 계십니다. 이분들도 지혜는 있으나 탁복이 없는 경우겠지요.

예를 들어 깨달음과 수행과는 전혀 상관없는 사람이지만 강남에 10층짜리 빌딩을 짓는 사람이 있습니다. 이 사람은 탁복이 있는 것입니다. 반대로 깊은 수행과 명상을 통해 우리 중생들이 다다를 수 없는 깨달음을 얻었지만, 어느 절에도 자기 짐 놓을 방 하나 마련하지 못하는 스님도 있을 수 있습니다. 그분은 지혜는 있지만 탁복이 없는 경우입니다. 이와 같이 탁복과 청복은 중생들마다 다릅니다. 과거 전생에 어떤 업을 지었느냐에 따라 달라지는 것이지요.

가장 좋은 것은 무엇일까요? 그렇습니다. 복도 있고 지혜도 있는 것을 최고로 칩니다. 흔히 '배고픈 소크라테스와 배부른 돼지 중 어느 쪽이 되고 싶은가?'하고 묻는다면 우리는 진지하게 고민합니다만 그럴 필요 없습니다. 배부른 소크라테스가 되면 됩니다. 결코 쉽지 않은 일이긴 합니다.

복혜쌍수(福慧雙修)

그래서 불교에서는 복과 지혜를 함께 닦아야 한다고 합니다. 부처님 경전에 보면 머나먼 과거 세상 석가모니 부처님과는 다른 부처, 다른 세상이 있었습니다. 이 때 두 명의 형제가 있었는데 부처님 경전이 좋아 모두 출가를 하였습니다. 형은 오

공덕을 꽃 피우다

직 계율을 지키고, 명상을 하며, 경전공부를 열심히 했지만, 남에게 베풀 줄을 몰랐답니다. 오직 자기 공부만 한 분이지요. 하지만 동생은 수행은 게을리 했지만 밖으로 다니며 사람들에게 베푸는 것을 좋아했답니다.

두 분이 세상을 떠난 후 석가모니 부처님 시대에 태어나는데, 형은 인간으로 태어나 스님이 되어 열심히 수행한 결과 전생에서부터 수행한 힘이 더해져 완전한 깨달음을 얻은 아라한(阿羅漢 - 모든 욕망과 번뇌가 사라진 성자)이 되었답니다. 절에 가면 나한전(羅漢殿)이 있는데 이곳이 아라한들을 모셔놓은 전각입니다. 그리고 동생은 지혜를 닦지 않은 결과 코끼리로 태어났답니다.

여기에서 놀라운 반전이 생깁니다. 아라한이 된 형은 전생의 공덕으로 아라한은 쉽게 되었지만 남들에게 베풀지 않아 이번 생에서 먹고 살기가 너무 힘들었답니다. 옷 한 벌 구하기도 힘들고 밥을 빌러 나가도 아무도 알아주지 않아 항상 춥고 배가 고팠답니다. 반면 코끼리로 태어난 동생은 전생에 지혜를 닦지 않아 축생으로 태어났지만, 전생에 지은 복으로 힘이 세고 잘 생긴 모습으로 태어났습니다. 여러분, 이 생에서 잘생겼다면 일단 복입니다. 전생에 복을 많이 지은 것입니다.

코끼리로 태어난 동생은 그 나라에 전쟁이 일어났을 때 앞장서 적들을 물리쳤습니다. 왕은 이런 코끼리를 직접 궁전으로 데려와 키웁니다. 불교에서는 전쟁 또한 복이 있고 없음에 따라 승패가 갈라진다고 합니다. 복은 우리 삶 곳곳에서 발휘하는 힘입니다.

왕은 코끼리를 궁전으로 데려와 금은보화로 장식하고 진귀한 음식을 먹이는 등 축생으로 태어났지만 편안한 생활을 했답니다. 하루는 마을에 들어온 아라한 스님이 며칠을 굶어 허기진 몸으로 돌아다니다 궁전 옆에서 온몸을 금은보화로 장식한 코끼리를 보게 됩니다. 코끼리를 보는 순간 스님은 전생의 동생이었음을 알아차립니다. '인간으로 태어나 아라한이 된 나는 이리 배고프고 힘들게 지내는데 코끼리로 태어난 동생은 인간보다 더 잘 사는구나'하고 말입니다. 저도 이런 비슷한 생각을 한 적이 있는데, 오래전 신문에서 힐튼호텔 상속녀 패리스 힐튼의 애완견이 사는 집이 우리나라 돈으로 삼천만 원이라는 것을 본 적이 있습니다. 비록 개로 태어났지만 전생의 복이 많은 것이지요.

코끼리에게 다가간 스님은 코끼리 귀에 "너도 나도 틀린 것이다"라고 속삭였답니다. 깨달음을 얻은 아라한 성자의 말이었기 때문에 코끼리는 무슨 말인지 알아들었답니다. 아무리 금은보화로 장식하고 좋은 음식을 먹을지라도 축생일 뿐이니, 코끼리는 더 이상 먹지도 않고 우울증에 걸렸습니다. 코끼리를 염려한 왕은 연유를 알아보기 위해 아라한 스님을 궁전

공덕을 꽃 피우다

으로 모셔와 물었답니다. "도대체 코끼리에게 무어라 이야기를 했기에 힘 있고, 씩씩한 코끼리가 우울증에 빠졌습니까?" 그때 아라한 스님은 자초지종을 설명했습니다. 아라한 스님의 말을 들은 왕도 깜짝 놀라며 깨달은 바가 있어 스님 앞에 합장하며 "스님, 참으로 사람이 짓는 업은 심오하고 불가사의합니다. 저도 이번 생에 왕으로 태어난 것은 결국 전생에 지은 복 때문이고, 이 복을 다 쓰고 난다면 다음 생이 어떻게 될지는 알 수 없는 것이니 저도 스님의 가르침을 본받아서 지금부터라도 열심히 복을 짓겠습니다" 했답니다.

여기에서 가장 중요한 점이 바로 복혜쌍수입니다. 이것이 부처님께서 말씀하신 대승의 가르침입니다. 내가 깨달음을 얻는다면 세상에서 가장 존귀한 일입니다. 그러나 복은 없고 지혜만 있으면 깨달음을 얻을지라도 중생들을 제도할 수 없답니다. 중생을 제도해야 하는데 배고픈 중생에게 밥을 주려면 내가 밥이 있어야 하고, 옷이 필요한 중생에게 옷을 주고 싶으나 옷이 없으면 줄 수 없습니다. 중생들은 모두 복을 바랍니다. 중생을 괴로움에서 구해 행복한 길로 이끌기 위해, 그들에게 복을 주기 위해서는 내가 복이 있어야 복을 주는 것입니다.

포교 또한 마찬가지입니다. 아무리 설법을 잘하고 강의를 잘해도 얼굴 잘 생긴 스님이 말하는 것에 못 미칩니다. 복이 있어야 잘 생긴 모습으로 태어납니다. 부처님께서는 수없는 삶 동안 일부러 중생들로 하여금 거룩한 마음을 일으킬 수 있는 최고의 외모를 얻기 위해 따로 수행을 하셨답니다. 부처님에게는 잘생김과 못생김의 구분이 없지만 중생은 이를 구분 짓기 때문에 중생을 쉽게 제도하기 위해 잘생긴 모습, 더 정확히 말하면 거룩하신 몸으로 태어나신다고 합니다.

부처님께서는 제가 BTN에 나와 이렇게 강의할 수 있는 것도 미리 아셨을까요? 저는 몰랐습니다. 얼떨결에 나와 호응이 좋아 계속하게 되었는데요. 분명히 저보다 설법을 잘 하는 스님도 계실 테지만 BTN에 나오는 복은 따로 있는 겁니다. 그래서 복과 지혜를 함께 닦아야 합니다.

복은 있는데 지혜가 없으면 잘 먹고 잘 살지만 삿된 길에 떨어질 수 있고, 지혜는 있는데 복이 없으면 나 자신은 깨달음을 얻고 바르게 살아도 다른 사람을 제도하거나 도움주기가 힘들다고 합니다. 그래서 복과 지혜를 함께 갖춰야 합니다.

지혜는 눈(目)이라 하고 복은 튼튼한 내 몸(身)이라고 합니다. 눈이 있어야 바른 길로 갈지 삿된 길로 갈지 뚜렷하게 구분할 수 있고 몸이 튼튼해야 무거운 짐을 지고 내가 가야 할 길을 갈 수 있습니다. 복이 있어야 내가 하고자 하는 일들이 원만하게 풀립니다. 이것이 바로 복혜쌍수(福慧雙修)입니다.

여러분이 이 자리에 나와 스님들의 좋은 법문을 듣는 것은 지혜를 닦는 일입니다. '부처님의 가르침은 이런 것이고, 부처님의 법은 이런 것이구나'하고 지혜를 닦았는데 귀로 듣고 머리에만 있으면 다음 생에 사람으로 태어나면 이렇게 좋은 법문을 들은 공덕으로 머리는 똑똑할 수는 있습니다. 그러나 복을 짓지 않으면 머리는 똑똑해도 내가 하고자 하는 일이 편안하게 풀린다고 말할 수 없습니다.

우리 주변에 그런 분들이 많습니다. 머리는 정말 똑똑해서 어릴 적부터 영재, 수재 소리를 듣고 자랐을 테지만 막상 대학을 졸업하고도 일이 잘 안 풀리는 경우를 볼 수 있습니다. 이런 분들이 머리 똑똑한 복은 있지만 직장 복 혹은 편안하게 일을 하나하나 이뤄나가는 복은 부족한 경우입니다. 그래서 복과 지혜를 함께 닦아야 합니다. 이 말을 명심하시기 바랍니다.

오래된 불교 속담 중에 '나한 중에도 모래 쪄 먹는 나한이 있다'라는 말이 있습니다. 여러분 잘 아시는 '나한전'에 모셔진 분들이 아라한이고 이를 줄여 나한이라 부릅니다. 아라한의 뜻에는 '깨달음을 얻은 성자'라는 뜻도 있지만 '공양 받을만한 분'이라는 뜻도 있습니다. 깨달음을 얻은 아라한에게는 쉬어 빠진 물이나 모래알처럼 푸석푸석한 밥을 올리기만 해도 엄청난 복을 받는다고 합니다. 그래서 공양 받을만한 분이란 표현을 씁니다. '나한 중에도 모래 쪄 먹는 나한'이란 말은 나한 중에도 복이 있는 나한이 있고, 복이 없는 나한이 있다는 것입니다. 복이 없는 나한은 신도들이 공양을 안 올리기 때문에 너무 배가 고파 신통력으로 모래를 쌀로 바꿔 쩌 먹는답니다.

일상생활에서 이 속담을 쓸 때는 고위관리, 높은 지위에 있는 사람 중에도 고생하는 사람들이 있습니다. 겉으로 드러난 것으로만 알 수 없다는 말입니다. 불교적 사유를 바탕으로 이 속담을 알아보면 가슴에 더욱 절실히 다가올 겁니다.

설봉스님 이야기

당나라 때 설봉이라는 큰스님이 있었습니다. 이 스님은 어느 절을 가던 공양주(절에서 주로 밥을 짓는 사람, 반찬 만드는 사람은 채공)을 자청했답니다. 요즘에는 전기밥솥 버튼만 누르면 밥이 됐지만 옛날 공양주는 수십, 수백 명 스님들이 먹는 밥을 하기 위해 물 긷고, 장작을 패야 하는 등 무척 힘든 일 중 하나가 공양주였습니다. 그래서 옛날 노스님들께서는 저희 같은 젊은 스님을 보시면 "너희들은 정말 편한 것이다. 우리 때에는 밥 짓고 장작 패느라 공부할 시간이 없었다"고 하셨습니다.

설봉스님은 항상 자기가 쓰는 쌀조리를 갖고 다니시며 공양주를 하셨습니다. 오랜 시간 후 설봉스님도 깨달음을 얻어 절을 짓고 중생제도를 하시는데 설봉스님은 중국 선종 역사상 처음으로 천오백 명의 제자들을 모으신 분으로 유명하십니다.

공덕을 꽃 피우다

스님은 대중들에게 설법을 하실 때 항상 "너희들이 이 자리에 오게 된 것은 모두 내 쌀조리에서 나온 것이다. 내가 지은 복으로 너희들이 여기 모이게 된 것이다"라고 말씀하셨답니다. 천오백 명 스님들이 먹을 수 있는 식량을 대기 위해서는 바로 그 절 주지이신 설봉스님 복이라는 것이죠. 설봉스님이 평생에 걸쳐 밥을 짓고 다른 스님들을 위해 묵묵히 일을 하는 복을 지었기 때문이라는 것이지요. 설봉스님이 복은 없고 지혜만 있어 본인 공부에만 몰두하였다면 그 많은 스님들을 모아 제도할 수 없었을 것입니다. 이것이 바로 복혜쌍수의 전형적인 불교의 예라고 할 수 있습니다.

공양주 3년 하고
복 지은 스님 이야기

50여 년 전 어느 스님이 어린 나이에 출가하셨습니다. 스님이 되기 전 행자생활을 하는데 어느 날 그 절에 도인이라고 소문난 스님이 찾아와서 여러 행자들을 모아 앞으로 이렇게 해라, 저렇게 해라 하며 한 마디 한 마디 알려주셨는데 마지막에 이 어린 행자에게만은 따로 남으라고 하셨답니다. 이 행자는 '뭐지? 나에게만 특별히 무언가를 주시려나 보다. 내가 큰 인물이 되려나 보다'하며 기다리니 도인 스님은 "너는 얼굴에 복딱지가 하나도 없다. 얼굴에 복이란 복은 하나도 없는데 어쩜 그렇게 복이 없을 수 있느냐?"하시며 "앞으로 스님이 되어 신도들에게서 시주를 받으려면 조금이라도 복이 있어야 하는데 그마저도 없다. 그러니 열심히 복을 지어야 할 것이다. 그러면 혹시 중노릇을 계속 할 수 있을 것 같다. 복을 많이 지어라. 네가 참 복이 없구나"라고 하셨답니다. 이 말을 들은 행자스님은 충격을 받았지만 더욱 열심히 복을 지을 것을 맹세하셨답니다.

어느 날 참선하는 선방(禪房)에 갔는데 그 절에 공양주가 비었더랍니다. 스님은 공양주를 자처했답니다. 옛날부터 복을 가장 많이 짓는 소임은 간병, 두 번째는 공양주를 하는 것이라 합니다. 스님은 복 짓는 마음으로 무료로 그토록 힘든 공양주를 3년간 하시고 그 뒤에도 선방에 열심히 다니셨답니다. 세월이 흘러 이 스님도 나이가 들어 그간 신도들에게서 공밥을 얻어먹었으니 신도들에게 은혜를 갚아야겠다는 마음으로 절(寺) 짓는 불사를 하셨는데 손대는 것마다 잘 됐다고 합니다. 사람들이 구름같이 모여들어 모르는 신도들도 시주를 했다고 합니다. 밝힐 수는 없지만 이름만 대면 다 알 수 있는 큰 절에서 주지까지 지내신 분입니다.

스님은 "지난날 3년 동안 손발이 다 트도록 고생고생하며 열심히 수행하는 스님들을 위해 공양주를 한 것이 이런 복으

공덕을 꽃 피우다

로 내가 여기까지 온 것이다"라고 말씀하셨습니다.

이 스님 이야기를 듣고 제가 한 생각은 그 행자였던 스님은 복이 없었던 것이 아니었죠. 도인 스님을 만난 것이 신의 한 수였던 거죠. 정말 복이 없었다면 도인 스님도 만나지 못했을 것이고 도인 스님의 말을 듣고도 복 짓기를 열심히 하지 않았을 것입니다. 복이 없었다면 그런 말을 들었다 해도 실천을 하지 않았겠지요. 복 없는 사람은 아무리 좋은 이야기를 해줘도 자기 귀에 달콤하지 않으면 오히려 "너나 잘해"라 할 것입니다. 결국 이 스님은 복이 많았던 분이신 거죠. 복 중에 최고의 복은 좋은 스승을 만나는 것이랍니다. 좋은 스승을 만나 가르침을 받고 이를 실천하는 것입니다. 여러분들도 좋은 스승 만나기를 항상 발원하셔야 합니다.

복 짓는 공이 가장 큰 것이 간병, 두 번째가 공양주 하는 것이라고 했는데, 세 번째 복 짓는 것은 바로 화장실 청소라고 합니다. 화장실을 불교에서는 '해우소'라고 하는데 이 말은 수십 년 전 우리나라에서 생긴 말로 옛날 통도사 극락암 경봉 스님이 '근심을 푸는 곳'이라 하여 해우소라 하셨고, 원래는 정통(淨桶)이라 했는데 항상 깨끗해야 한다는 뜻이었습니다. 그도 그럴 것이 예전에 재래식 화장실을 생각해보면 이곳을 청소하는 것이 얼마나 큰 복을 짓는 것인지 알 수 있습니다. 마음을 내어 화장실 청소를 하는 것은 복을 많이 짓는 것입니다.

중국 송나라에 설두라는 스님이 있었는데, 이 분은 젊은 시절 어느 절을 가던지 화장실 청소를 자처하셨답니다. 그 공덕인지 지금도 중국 불교 역사에 남는 큰스님이 되셨습니다. 이와 같이 복 짓는 것이 중요합니다.

어느 노보살님께 들은 이야기입니다. 노보살에게는 딸이 하나 있었는데 굉장한 날라리였답니다. 딸 걱정에 노보살님은 큰스님을 찾아가 하소연을 하니 큰스님은 "자네가 복이 없어 그런 딸을 만난 것이다. 그러니 딸도 그 누구도 원망하지 말고 절에 가서 업장소멸 기도를 열심히 하고 봉사도 많이 하여 복을 지으라"고 하셨답니다. 그래서 노보살은 몇 년을 열심히 기도하고 봉사하였지만 효과가 없었습니다. 다시 큰스님을 찾아가 하소연하니 "자네가 얼마나 복이 없으면 그렇게 했는데도 효과가 없겠는가? 더욱 열심히 복을 지으라"고 하셨답니다. 이 말에 더욱 열심히 기도하고 봉사했는데 지금은 딸이 마음을 잡고 잘 살고 있답니다. 제가 직접 들은 이야기입니다. 여러분, 운명은 바꿀 수 있습니다. 복과 지혜를 함께 닦으시기 바랍니다.

공덕을 꽃 피우다

지혜는 눈(目)이라 하고
복은 튼튼한 내 몸(身)이라고 합니다.
눈이 있어야 바른 길로 갈지
삿된 길로 갈지 뚜렷하게 구분할 수 있고,
몸이 튼튼해야 무거운 짐을 지고
내가 가야 할 길을 갈 수 있습니다.
복이 있어야 내가 하고자 하는 일들이
원만하게 풀립니다.
이것이 바로
복혜쌍수(福慧雙修)입니다.

불교에서는 전생에 지은
안 좋은 업을 소멸하기 위해서
기도하고 염불하는 그 자리에
행복을 성취할 수 있는
강력한 선업이 생긴다고 합니다.
공덕이 생기고, 복이 생긴다고 합니다.
내 스스로 삶을 행복하게 성취하기 위해서
전생에 지은 업장을 소멸시키고
이번 생의 복을 위해서
신앙의 길을 걸으라고
부처님께서는 말씀하십니다.

3장

보시,
마음만 있으면
바로 할 수 있는 것

부처님을 공경하는 마음으로
큰 복을 얻다

예전에 한문을 공부하던 어느 유학자(儒學者)가 스님을 찾아가 질문을 던졌답니다.

유학자: 스님, 남쪽에 부처님이 없다는 것이 무슨 뜻입니까?

스님: 부처님은 동서남북 어디에나 계신데 그 말을 어디서 들었습니까?

유학자: 제가 분명히 그런 글귀를 보았습니다.

스님: 그럼 한 번 써 보시오.

유학자는 '南無佛'이라고 썼습니다. 여러분 '南無佛'은 '나무

아미타불'의 한자식 표기입니다. 이에 스님은 "한자를 그 뜻대로 해석하면 '남쪽에 부처님이 없다. 남쪽에 없는 부처님'이 되겠지요. 나무는 인도어 나모(namo)의 중국어식 표기입니다. '당신께 귀의합니다' '당신을 공경합니다'라는 의미가 담겨져 있습니다. 한자로는 '南無佛'이라 쓰지만, 해석할 때 '南無佛'은 '부처님께 귀의합니다'라는 뜻이라고 설명해 주었다고 합니다.

흔히 '나무아미타불', '나무관세음보살' 이런 표현을 많이 쓰는데요. 오늘 여러분들이 확실히 알아두셔야 하는 것이 '나무'의 뜻이 '공경합니다' '당신께 귀의합니다'라는 것입니다. 그래서 '나무아미타불'은 '아미타부처님께 귀의합니다' '나무관세음보살'은 '관세음보살님께 귀의합니다'라는 뜻이 되겠습니다. '귀의'라는 것은 돌아갈 귀(歸), 의지할 의(依)로 '돌아가 의지한다' '당신께 돌아가 의지하겠습니다'라는 의미입니다.

살다보면 누구나 각자 의지하는 것이 있습니다. 어떤 사람은 돈에 의지하고, 어떤 사람은 명예나 권력에 의지하고, 아무것도 없는 사람은 자기 몸뚱이에 의지하는 사람이 있고, 또 어릴 적부터 로맨스 소설을 많이 보신 분들은 사랑에 의지해야 한다는 달콤한 말에 귀를 기울이기도 합니다.

불교에서는 '귀의(歸依)' '돌아가 의지한다'라는 말을 굉장히 중요하게 여깁니다. 예불을 거행할 때 '지심귀명례(至心歸命

공덕을 꽃 피우다

禮)'라는 말이 있습니다. '지극한 마음으로 돌아가 목숨 바쳐 부처님께 예배올립니다'라는 뜻이 되겠습니다. 부처님께 귀의한다는 말은 굉장히 중요한 의미를 담고 있습니다.

맛타꾼달리 이야기

부처님 당시 인도 사위성에 큰 부자가 살고 있었지만 그는 굉장히 인색한 구두쇠였습니다. 남들에게 베푸는 것은 물론 자신에게도 인색했다고 합니다. 그런 부자가 가장 아끼는 것은 자신의 아들 맛타꾼달리였습니다. 그러나 그 아들은 열여섯 살 되던 해에 병에 걸렸습니다. 아내는 하루라도 빨리 의원을 찾아가 아들의 병을 고치자고 했습니다. 병원비가 아까운 구두쇠는 살짝살짝 의사들을 찾아다니며 아들의 증상을 말하며 치료 방법을 얻어들어 스스로 약을 제조했습니다. 하지만 아들의 병은 나아지지 않고 더욱 악화되어 더 이상 손 쓸 수 없는 지경에 이르렀습니다. 그제야 의사들을 데려와 아들을 보였으나 치료할 수 있는 기한을 넘겨 모두 '방법이 없다'며 돌아갔습니다.

결국 아들이 죽을 것을 알게 된 부자는 속으로 생각하길 '그동안 사람들에게 부자인 것을 숨겼는데 아들이 죽고 나서 장례를 치르면 사람들이 조문을 올 것이고, 우리 집이 부자인 것이 알려지게 되면 분명히 귀찮은 일이 생길 것이다. 아들은 어차피 죽게 될 목숨인데 집에서 죽든 밖에서 죽든 무슨 차이가 있겠는가? 그러니 밖에서 죽게 버려두자'하며 죽어가는 아들을 몰래 집 밖에 옮겨놓고 사라집니다.

아들은 기가 막힌 거죠. 병도 제대로 치료를 못 받아 죽게 생겼는데 길에 버려져 객사할 처지에 놓이게 되었으니 말이죠. 아침에 눈을 뜬 맛타꾼달리는 하염없이 집 쪽을 바라보며 '나는 왜 이렇게 참으로 박복할까? 왜 괴롭게 죽어야 하는가?'라고 한탄을 합니다. 그런데 그때 어디선가 환한 한 줄기 불빛이 느껴져 쳐다보니 부처님이 미소를 보이시며 서 계셨습니다. 그 모습을 본 맛타꾼달리는 '나는 어리석은 아버지로 인해 지금껏 절에도 한 번 못 가보고 부처님께 공양을 올리거나 법문을 듣지도 못했구나. 살아계신 부처님이 내 주변에 계시는데도 나는 지금껏 살아오면서 선업을 짓거나 공덕을 지은 것이 하나도 없구나'하며 한탄을 합니다. 그리고 '내가 지금까지 살아오면서 복도 선업도 공덕도 하나도 짓지 못했지만 내가 죽기 전에라도 부처님께 귀의하자'라고 다짐을 합니다.

맛타꾼달리는 부처님을 바라보며 '거룩하신 부처님, 저는 부처님을 믿고 부처님께 돌아가 의지하겠습니다. 부처님께 귀의합니다'하는 마음을 일으켰습니다. 맛타꾼달리의 지극한 마

공덕을 꽃 피우다

음을 꿰뚫어 보신 부처님께서는 자상한 미소를 지으시며 "맛타꾼달리여, 그대가 할 수 있는 일은 충분히 하였구나"라는 말씀을 남기시고 홀연히 사라지셨습니다. 사라지는 부처님 뒷모습을 바라보며 맛타꾼달리는 결국 죽었습니다. 죽기 직전 부처님을 향한 깨끗한 믿음을 일으키고, 부처님께 귀의한 강력한 선업의 힘으로 맛타꾼달리는 죽자마자 바로 하늘세계 신으로 태어나게 됩니다.

불교에서는 이와 같이 가르칩니다. 중생들은 살아가면서 자신들만의 업을 짓는데 착한 업, 좋은 업이면 '선업(善業)'이라 하고 나쁜 업, 잘못된 업은 '악업(惡業)'이라고 합니다. 죽어서 선업의 힘이 아주 강하면 죽자마자 바로 좋은 세계에 다시 태어납니다. 악업의 힘이 너무 강하면 죽자마자 바로 나쁜 세계에 태어납니다. 그런데 문제가 하나 있습니다. 선업을 많이 지은 것도 아니고 악업을 많이 지은 것도 아니어서 애매할 때는 죽은 영가(靈駕)가 7일안에 새로운 몸을 받거나 혹은 조금 더 지체되면 대부분은 21일 안에 새로운 몸을 받는다고 합니다. 이렇게 7일씩 더해서 마지막으로 49일안에는 대부분 새로운 몸을 받게 된다고 합니다.

그런데 49일이 지난 후에도 새로운 몸을 받지 않고 지상에 강력한 한(恨)이 있을 경우 어떤 상황이 펼쳐질까요? 귀신이 된다고 합니다. 가끔 빙의가 되었다며 퇴마사를 찾아가고 하는데 기도를 열심히 하면 모두 극복됩니다. 무지몽매한 분들을 보면 TV 같은 곳에서 빙의 걸린 사람을 쫓아내는 것을 보고 "우리 집도 우환이 있는데 한 번 갈까?"하면서 돈을 엄청 들이지만 효과를 못 보는 분들이 많습니다. 자기 업은 자기가 닦는 것입니다. 항상 불자들은 어떤 문제가 생겼을 때 내 마음을 바라보고 내 마음을 닦아서 내 업을 바꾸어 나가는 그런 길을 걸으셔야 합니다.

"스님 정말 빙의가 있습니까?"하고 물어봐도 저도 모릅니다. 귀신을 본 적이 없으니까요. 그런데 빙의 비슷한 경우에 처하신 분들이 기도를 열심히 해서 아름답게 극복하는 경우가 불교에는 아주 많습니다. 그러니 항상 기도를 열심히 하는 불자의 삶을 살아야 한다고 말씀드리고 싶습니다. 그래서 불교에서는 돌아가신 영가를 위해 '49재'라는 문화가 있고, 어른 스님들께서는 7일에 한 번씩 일곱 번 재를 지내야 하는데 형편이 닿지 않아 7일마다 재를 지낼 수 없다면 마지막 49일째 막재라도 지내는 것이 좋다고 하셨습니다.

천신으로 태어난 맛타쿤달리는 '내가 전생에 어떤 복을 지었기에 천신으로 태어나 이런 행복을 누리는가'하는 의문을 갖고 자신의 전생을 살펴봅니다. 부처님 말씀에 의하면 하늘 세계 천신들은 자기의 바로 전 전생까지는 볼 수 있다고 합니다. 전생에서의 삶을 알아본 맛타꾼달리는 자신이 죽기 직전

공덕을 꽃 피우다

깨끗하고 청정한 믿음을 일으키면서 부처님께 귀의한 공덕으로 천신으로 태어나게 된 것을 알게 되었습니다.

그리고 전생의 아버지는 지금 어떻게 살고 있는지 궁금하여 내려다보니 죽은 아들을 화장하여 뿌린 뒤 매일같이 그 곳에 찾아가 "아들아, 아들아"하고 부르며 한탄하는 생활을 하고 있더랍니다. 이를 불쌍히 여긴 맛타꾼달리는 전생의 아버지를 제도하기로 하고 꾀를 내어 인간의 모습을 하고 화장터에서 울고 있는 아버지 옆에 나타나 아버지보다 더 크게 울부짖었습니다. 이 모습을 보고 있던 아버지는 이를 궁금히 여겨 사연을 물었습니다.

천신은 "제가 얻고 싶은 게 있는데 얻을 수 없어 이러고 있습니다. 저는 황금으로 만든 수레를 가지게 되었는데 그 수레에 어울릴 만한 바퀴를 얻을 수 없답니다"하니 아버지는 "얼마나 좋은 것을 원하기에 그러느냐?"고 물었습니다. 이에 젊은이는 "한쪽에는 태양을 끼우고 다른 쪽에는 달을 끼우면 제 수레가 더욱 빛을 발할 텐데 그렇게 할 수 없어 이렇게 운답니다"라고 했답니다. 이를 들은 구두쇠 아버지는 이해할 수 없어 "이보시오, 얻을 수 없는 것을 가지고 그렇게 울다니 당신은 참 바보구려"했답니다. 이때 젊은이는 아버지를 쳐다보며 "보이는 것을 얻기 위해 우는 것이 바보입니까? 아니면 보이지 않는 것을 얻기 위해 우는 것이 바보입니까?"하고 물었답니다.

　이해할 수 없던 아버지는 그 뜻이 무엇인지 물었습니다. "나는 해와 달을 볼 수 있는데 이를 얻으려 하는 것이지만 당신은 아들을 잃어 이미 화장해버려 볼 수도 없습니다. 보이지도 않는 아들을 얻으려 울고 있으니 누가 더 바보입니까?"하고 대답했답니다. 이 말을 들은 아버지는 깜짝 놀라며 "그대는 나이는 어리지만 참으로 지혜롭습니다. 당신의 그 말 한 마디에 아들을 잃은 슬픔이 사라졌습니다. 그대는 누구입니까?"하고 물으니 천신은 "나는 전생에 그대의 아들이었던 맛타꾼달리입니다. 전생에 맛타꾼달리였을 때 지은 강력한 선업의 공덕으로 이번 생에는 천신으로 태어났으며 전생의 아버지였던 당신을 제도하기 위해 잠시 지상에 내려온 것입니다"하니 아버지는 믿을 수 없어 했습니다. 이에 천신은 전생에 아버지와 아들만이 알고 있던 일들을 이야기 해주었습니다.

　그제야 이를 알게 된 아버지는 크게 당황하며 자신의 아들은 열여섯 살에 죽을 때까지 아주 작은 콩 조각 같은 복도 지은 것이 없었는데 어떻게 천신으로 태어났는지 의심을 갖습니다. 맛타꾼달리는 자신이 죽기 직전 진심으로 '부처님께 귀의합니다'하는 믿음을 일으킨 것만으로 이렇게 천신으로 태어날 수 있었다는 이야기를 들려줍니다. 그제야 내용을 알게 된 아버지는 큰 희열을 느끼며 자신도 부처님께 귀의하고자 하는 마음을 일으킵니다. 아버지의 마음을 알아본 천신은 아버지에게 "부처님을 당장 모셔와 공양을 올리고 법문을 듣고 법을 닦으십시오. 부처님께 귀의하는 것은 이 세상에서 가장 아름답고 위대한 일입니다'하며 전생의 아버지에게 신신당부하고 사라집니다.

집으로 돌아온 구두쇠 아버지는 부인에게 부처님을 집으로 모셔 공양할 것이니 부처님과 제자들을 위한 음식을 넉넉히 준비하라고 했습니다. 부처님께 찾아간 구두쇠 아버지는 부처님께 "부처님, 시간이 되신다면 내일 사시공양(巳時供養)때 부처님과 제자들을 모시고 저희 집에서 공양을 올리고자 하오니 저희 집에 와주십시오"하고 청을 올립니다. 부처님께서는 이를 받아들여 다음날 수백 명의 제자들을 이끌고 구두쇠 부잣집에 찾아가셨습니다. 이 소식을 듣고 마을 사람들은 놀라워하며 구두쇠 부잣집에 구경을 하러 몰려들었습니다. 구두쇠는 부처님을 가운데 가장 좋은 자리에 모시고 여러 제자들께도 여법하게 공양을 올렸습니다.

불교에서의 법은 다음과 같습니다. 부처님의 가르침에 의하면 부처님 제자들은 신도들에게 공양을 받으면 반드시 공양을 마치고 설법을 해주어야 합니다. '부처님 제자들은 신도들에게 밥을 빌어먹고, 반대로 신도들은 부처님과 스님들에게 법을 빌어먹는다'는 말이 있습니다. 신도들은 부처님과 스님들께 의식주를 받치고 스님들은 신도들에게 법공양을 하시는 것입니다.

공양을 마치신 부처님께서는 설법을 하기 위해 자리를 잡으셨습니다. 그때 구두쇠 부자는 "부처님, 제 아들은 살아있을 때 부처님께 절을 한 적도, 공양을 올린 적도 또한 법문을 들은 적도 수행을 한 적도 없습니다. 그런데 부처님께 깨끗한 믿음을 한 번 일으킨 것만으로도 과연 천상세계에 태어날 수 있단 말입니까?"하며 질문을 드렸습니다.

이 질문을 들은 부처님께서는 "그대여 그것을 왜 나에게 묻는가? 그대 아들이었던 맛타꾼달리가 천신으로 이 세상에 내려와서 그대에게 모든 것을 설명해 주지 않았던가?" 하셨답니다. 그렇습니다. 부처님께서는 이 모든 것도 알고 계셨던 거죠. 이것을 '일체종지(一切種智)라 하여 모든 것을 꿰뚫어 아는 지혜'라는 뜻이 되겠습니다. 부처님께서 아들과의 일을 모두 알고 계시니 구두쇠 부자가 깜짝 놀랐습니다. 이때 부처님께서는 부자에게 다음과 같은 게송을 설하셨습니다. "모든 것은 마음이 앞선다. 모든 것은 마음이 이끌고 모든 것은 마음으로 이루어지는 것이다. 깨끗한 마음으로 말하고 행동하면 반드시 행복이 따르리라. 그림자가 몸을 따르듯이."

모든 것은 마음 따라 일어나고 마음 따라 사라지는 것입니다. 여러분 어떤 것을 하고자 할 때는 마음이 먼저 일어나지

공덕을 꽃 피우다

요? 좋은 마음이든, 나쁜 마음이든 무언가를 하겠다는 그 마음이 먼저 일어납니다. 그러니 깨끗한 마음으로 말하고 행동하면 그 모든 행동이 선업이 되고 복이 되고 공덕이 되어 저절로 행복한 삶이 이루어지는 것입니다. 마치 그림자가 몸을 떠나지 않는 것과 같이 말입니다. 이 게송을 듣는 순간 구두쇠 부자는 그 자리에서 깨달음을 얻고 구경 온 수많은 마을 사람들 모두 깨끗한 믿음을 일으켰다고 합니다.

그래서 제가 여러분에게 항상 하는 말이 있습니다. '불교는 로또'입니다. 로또도 이런 로또가 없습니다. 생각해 보세요. 살아오면서 절에 간 적도, 법문을 들은 적도, 따로 수행을 한 적도 없었지만 죽기 전에 부처님을 생각하면서 '부처님께 의지하겠습니다'라고 깨끗한 믿음을 일으킨 것만으로도 천상세계에 태어날 수 있으니까요. 그렇다고 절에 안 나오시면 안 됩니다. 절에 자주 나와서 좋은 법문도 들어야 여러분들의 삶이 더욱더 행복해집니다.

여러분, 우리들은 부처님처럼 숙명통(宿命通 - 과거와 미래의 온갖 것을 아는 신통력)이 없습니다. 부처님께서는 이 숙명통으로 평생에 단 한 번만이라도 깨끗한 마음으로 믿고 따르겠다는 마음을 일으키면 죽어서 천상세계에 태어난다는 것을 알고 계십니다. 하지만 중생들은 알지 못합니다. 그러니 똑같은 실수를 저지르면서 사는 겁니다. 동감하시죠? 여러분, 부처님의 가르침을 통해서 여러분의 삶을 선업으로 가득 채우는 삶으로 이끌어 가시기 바랍니다.

　부처님께서는 "부처님을 평생에 단 한번만이라도 깨끗한 마음으로 믿고 따르겠다는 마음을 일으키고 죽어서 천상세계에 태어난 사람들이 수십 수백 수천 명으로 감히 그 수를 셀 수 없을 만큼 많으니 의심하지 말고 부처님께 의지하라"고 하셨습니다. 부처님이 어떤 물질적인 이익을 바라고 하신 말씀이 아닙니다. 오직 여러분이 행복하길 바라는 마음에서 이와 같이 설하신 것입니다. 그러니 여러분 마음에 부처님을 향한 간절하고 깨끗한 믿음을 일으켜 보시기 바랍니다.

가난한
산딸리 할머니 이야기

이와 비슷한 사례가 있는데요. 부처님 당시에 가난한 어느 할머니가 있었습니다. '가난은 죽음보다 무섭다'라는 부처님 말씀이 있습니다. 이 할머니의 이름은 '산딸리'입니다. 하루는 지팡이를 짚고 길을 걷다가 멀리서 부처님께서 탁발을 나오신 것을 보았습니다. 이 할머니는 한 번도 절에 가본 적도 없고, 부처님 법문을 들어본 적도, 수행을 해본 적도 없었기에 부처님을 만나서도 어떻게 해야 하는지 알 수 없었습니다. 그저 멍하니 바라만 보고 있었던 거죠.

이를 지켜보던 아난 존자(阿難尊者 – 25살에 출가하여 25년간 부처님의 시자로 있었으며 십대제자 가운데서 다문제일(多聞第一)이라 불린다)가 미소 지으며 "여인이여, 부처님께 왜 합장인사라도 올리지 않습니까?" 했답니다. 이 할머니는 부처님께 인사하는 법도 몰랐던 것입니다. 이 말을 들은 할머니는 얼떨결에 부처님께 합장인사를 올리니 부처님께서는 미소 지으시며 가던 길을 가셨습니다. 부처님께 합장인사를 올린 할머니는 인생에서 처음으로 부처님을 뵙고, 인사드리고, 부처님께서 자신을 향해 미소를 지어주신 것이 몹시 기뻤는데 이때 길을 지나던 암소에 치어 그만 세상을 떠났습니다. 그렇지만 이 할머니는 죽자마자 하늘세계 아름다운 선녀로 태어났답니다. 할머니도 맛타꾼달리와 같은 경우입니다. 죽기 직전 부처님께 인사 올린 강력한 선업의 힘으로 하늘세계 선녀로 태어난 것입니다.

여기서 우리는 인과응보(因果應報) 법칙을 또 발견할 수 있습니다. 좋은 업이든 나쁜 업이든 누가 받는다? 그렇습니다. 결국 내가 받는 것입니다. 할머니가 이생에서 가난하고 힘들게 산 것도 할머니가 전생에 지었던 악업이요. 마지막에 길을 가다 암소에 받쳐 죽게 된 것도 모두 자신이 지은 전생의 악업입니다. 책을 보면 할머니와 소는 전생에 악연이 있었는데 그 악연 있던 존재가 소로 태어났고 할머니를 만나자 갑자기 화가 나서 할머니를 들이받아 죽게 했다고 합니다.

선업으로 행복한 일이 생기든, 악업으로 인해 나쁜 일이 생기든 모든 것은 누가 지은 결과라고 했죠? 모두 자신이 지은 업의 결과입니다. 그래서 부처께서는 항상 "바깥에 매달리지 마라. 인생의 주인공이 되어라. 운명은 바꿀 수 있다. 그대들이 운명의 주인이 되어라"하고 말씀하십니다.

용수보살님이 말씀한 '절의 공덕'

불교의 위대한 성자이신 용수보살(나가르주나 – 용수(龍樹) 대승불교의 논리를 창시했기 때문에 제2의 석가모니 또는 대승불교의 아버지라고 불림)이라고 계시는데 용수보살께서 쓰신 〈대지도론(大智度論)〉이라는 책에 보면 다음과 같은 이야기가 나옵니다. '부처님을 향해 합장 반배만 해도 그 공덕이 한량없는데 하물며 부처님을 향해 오체투지(五體投地 – 머리, 양 팔꿈치와 양 무릎을 땅에 대는 것)를 한다면 그 공덕은 얼마나 더 굉장하겠는가?'라고 쓰여 있습니다. 그래서 불교에서는 부처님께 절 하는 것을 굉장히 중요하게 여깁니다. 절을 함으로써 부처님께 귀의하게 되

공덕을 꽃 피우다

고 나의 교만함을 낮추게 되고 나의 마음을 비우게 됩니다. 그 비운자리에 선업과 복과 공덕이 쌓이게 되는 것입니다.

　여러분, 사는 게 조금 힘들고 괴로울 때는 집에서라도 절을 해 보십시오. 절은 반드시 절에 가서 해야 하는 것은 아닙니다. 집에서도 얼마든지 할 수 있습니다. 깨끗한 자리를 마련하고 마음속으로 부처님을 생각하면서 '거룩한 부처님께 귀의합니다. 부처님 감사합니다. 제가 전생에서부터 지은 악업이 있다면 이 모든 것을 소멸하게 해주세요'하고 하루에 백팔 배라도 절을 해 보시기 바랍니다. 절을 많이 하면 첫째, 몸이 건강해집니다. 둘째, 마음이 편안해집니다. 셋째, 내가 지은 나쁜 업의 에너지가 사라져 점점 좋은 일들이 생기게 될 것입니다. 그리고 절을 많이 하면 다음 생에 천상계에 태어나거나 인간으로 태어난다 해도 귀한 가문에 태어나게 된다고 합니다. 여러분 절을 하시기 바랍니다. 부처님께 귀의하시기 바랍니다. 불교는 아주 소박하고 단순하면서도 강력한 힘이 있습니다. 여러 불자님들은 부처님의 가르침을 통해서 여러분들의 인생을, 운명을 멋지게 바꾸어 나가보시기 바랍니다.

"모든 것은 마음이 앞선다.
모든 것은 마음이 이끌고
모든 것은 마음으로 이루어지는 것이다.
깨끗한 마음으로 말하고 행동하면
반드시 행복이 따르리라.
그림자가 몸을 따르듯이."

공양의
진정한 의미와 공덕

부처님께서는 스물아홉 살에 출가하셨습니다. 고향인 카필라성을 떠나 6년간 열심히 수행을 하신 끝에 서른다섯 살에 보리수나무 아래서 깨달음을 얻으십니다. 이후 인도에서 가장 큰 도시 중 하나였던 왕사성에서 널리 중생을 제도하시게 됩니다. 이 부처님의 소식을 들은 친아버지인 카필라성 정반왕은 사랑하는 아들을 보고 싶은 마음에 고향에 와 줄 것을 전하라고 사신을 보냅니다.

사신은 부처님을 만나 인사를 드리고 "부처님, 이제 고향으로 돌아가시지요"라는 말을 하기도 전에 부처님께서는 법문을 시작하셨습니다. 법문을 들은 사신은 자신의 임무도 잊은 채 그 자리에서 출가를 합니다. 아버지 정반왕은 시간이 지나도 사신에게서 연락이 없자 두 번째 사신을 보냅니다. 두 번째 사신도 부처님을 만나 첫 번째 사신과 마찬가지로 부처님 법문을 듣고는 출가를 합니다. 정반왕은 세 번째 사신을 보냅니다. 세 번째 사신도 가자마자 출가를 합니다. 그렇게 해서 정반왕이 모두 몇 명의 사신을 보냈느냐 하면 아홉 명의 사신을 보냅니다. 모두 부처님께서 계셨던 왕사성에 도착하자마자 머리를 깎고 출가를 합니다.

정반왕은 고민하다 보냈던 아홉 명의 사신들이 차례차례 모두 부처님의 법문을 듣고 출가했다는 이야기를 듣고 기가 막혀 합니다. 정말 부처님의 설법이 위대하고 좋았나 봅니다. 사신으로 갔다가 법문을 듣고 바로 출가하지 않습니까? 보다 못해 정반왕은 깔루다이라는 신하를 부릅니다. 깔루다이는 부처님과 어렸을 적부터 동갑내기 친구였다고 합니다. 왕은 깔루다이에게 "그대여 믿을 사람은 그대밖에 없다. 그대는 내 심정을 잘 알고 있지 않은가? 너무 내 아들이 보고 싶다. 부디 고향으로 꼭 데려오도록 자네가 힘을 써주게"라고 부탁을 합니다. 깔루다이는 정반왕에게 "왕이시여 저만 믿으십시오. 저는 반드시 부처님을 고향으로 모시겠습니다"하며 굳게 약속을 했습니다.

그렇지만 부처님을 만난 깔루다이도 부처님 설법을 듣고는 역시나 그 자리에서 출가를 했습니다. 깔루다이는 부처님 밑에서 열심히 수행하여 짧은 기간 안에 큰 깨달음을 얻게 됩니다. 그런데 깔루다이는 항상 마음속으로 왕과의 약속을 잊지 않고 있었습니다. 시간이 조금 지난 뒤 기회를 봤다가 어느 좋은 날에 부처님을 향해 "거룩하신 세존이시여, 고향인 카필라성에서 부친이신 정반왕과 많은 친척들이 부처님을 기다리고 있습니다. 부처님이시여 이곳에서 법을 펼치시는 것도 좋지만 고향에 가셔서 인연 있는 사람들에게 법을 펴시는 것은 어떻겠습니까?"하고 청하니 부처님께서도 비로소 당신이 고향에 갈 때가 되었다고 느끼시고는 바야흐로 제자들을 이끌고 천천히 왕사성에서 고향인 카필라성으로 걸어가십니다.

부처님께서 고향으로 돌아오신다는 소식을 듣고 카필라성에서는 성대한 잔치가 펼쳐집니다. 왕이 왕족과 귀족들을 데리고 직접 성 밖까지 나와 부처님을 기다리고 있었습니다. 드디어 부처님이 성에 오셨을 때 부친이 "오! 나의 아들이여, 이제 왔느냐? 얼마나 보고 싶었는지 아느냐?"라고 말하며 눈물이 글썽글썽해집니다. 이 말을 들은 부처님께서는 "대왕이시여, 나를 더 이상 아들이라 부르지 마십시오. 이제부터는 여래, 세존, 붓다, 부처님이라 부르십시오"라고 했답니다.

우리 같으면 엄청 서운한 이야기입니다. 그러나 타 종교 성경에 보면 '예언자는 고향에 가지 말라. 고향에 돌아가더라

도 대우를 받을 수 없다'는 구절이 있답니다. 옛날 우리나라에
도 전라도 사찰에 가면 경상도 출신 스님들이 많고, 경상도 사
찰에 가면 전라도 출신 스님들이 많았다고 합니다. 왜 그럴까
요? 고향에서 멀리 떨어져 지내기 위함인데, 첫 번째는 몰래
출가하신 분들 경우에는 다시 붙잡혀 집으로 돌아갈까 염려하
여 그런 것이고, 두 번째는 아무리 수행하여 큰스님이 될지라
도 집에 가면 옛날에 기저귀 갈아주던 손자일 뿐이기 때문입
니다.

저에게도 외할머니가 계시는데 출가한지 20년이 된 저도
외할머니에게는 그저 어린 손주일 뿐이기 때문입니다. 저를
보시면 항상 하시는 말씀이 "왜 이리 홀쭉해졌느냐? 절에서
밥도 안주느냐?"하십니다. 할머니께서는 예전에 스님들이 고
생하던 것만 기억하셔서 그렇습니다. 그러나 요즘에는 그렇지
않고 공부만 하면 됩니다. 공부만 하고 싶다 하시는 분들은 출
가하시면 됩니다. 많은 젊은이들이 출가하시면 좋겠습니다.

부처님의 말씀을 들은 아버지는 바로 부처님께 절을 올렸
습니다. 순수하게 부처님과 신도의 입장에서 부처님께 절을
올리는 장면이 경전에 나옵니다. 부처님께서는 그곳에 모인
수많은 사람들에게 법문을 하신 뒤 공양시간이 되었을 때 왕
궁에서는 온갖 진귀한 음식을 차려놓고 부처님과 제자들을
기다렸습니다.

그러나 부처님께서는 제자들과 일렬로 서서 발우를 들고 집 집마다 돌아 다니시며 탁발을 하셨습니다. 이 말을 들은 왕은 직접 부처님을 찾아가 "부처님이시여, 왜 밖에서 걸식을 하려 하십니까?"하며 질문하니 부처님께서는 "대왕이시여, 탁발은 우리 혈통의 법도입니다"하시니 왕이 이상히 여겨 "부처님이시여, 우리 왕족 혈통에 걸식과 탁발을 한 사람은 아무도 없습니다. 어서 궁전으로 오셔서 편안히 식사하시지요"하며 말씀드리니 부처님께서는 "왕이시여, 제가 말한 혈통은 왕족의 혈통을 말하는 것이 아닙니다. 부처님의 혈통을 말하는 것입니다. 우리 부처님의 혈통은 탁발을 하는 것이 법도입니다"라고 말씀하셨습니다.

옛날 〈전설의 고향〉 같은 드라마에서 보면 스님들이 바랑을 짊어지고 집집마다 돌아다니며 〈반야심경〉을 외워주고 쌀이나 보리를 얻는 것이 나오지요? 그것이 2600년 전부터 하던 거예요. 방식은 조금 다르지만 부처님 당시에는 '발우'라고 하는 큰 그릇을 들고 신도들이 주는 음식을 하나 둘 모아서 드셨답니다. 여기에서 중요한 이야기가 있습니다. 스님들이 탁발하는 모습을 바라보는 일반인들은 "신체 건강한 스님들이 왜 스스로 먹을 것을 마련하지 않고 집집마다 돌아다니며 걸식을 하는지 모르겠다"고 합니다. 충분히 그렇게 말할 수도 있겠지요? 그러나 '탁발과 걸식하는 것이 우리 불교의 법도이다'라

공덕을 꽃 피우다

고 했지 않습니까? 그 이유가 무엇인고 하면 부처님께서는 탁발하는 것을 '중생들로 하여금 복을 짓게 하기 위함'이라고 하셨습니다. 부처님께서 가르치시는 인과응보의 법칙에 의하면 베푸는 것을 '보시'라 하는데, 보시의 공덕은 아주 강해서 축생(짐승)에게 베풀면 다음 생에 백배의 공덕으로 돌아오고, 악한 사람(윤리도덕을 잘 안 지키는 사람, 성품이 나쁜 사람)에게 베풀면 천배의 공덕으로 돌아오고, 착한 사람(윤리도덕을 잘 지키는 사람)에게 베풀면 만 배의 공덕으로 돌아온다고 합니다. 그리고 스님들처럼 머리 깎고 계율 지키며 열심히 수행하는 수행자에게 베풀면 수십만 배의 공덕으로 돌아오고, 수행이 완성되어 번뇌가 사라진 깨달음을 얻은 성자에게 보시하면 그 공덕은 감히 헤아릴 수가 없다고 합니다. 이와 같이 "축생에게 베풀어도 공덕이 있는데 하물며 수행하는 스님들과 부처님에게 공양을 올리면 얼마나 더 큰 공덕을 얻을 수 있겠는가? 그래서 신도들에게 복을 짓게 하기 위하여 수행자들에게 탁발하게 하시는 것"이라고 말씀하셨습니다.

공양에 대하여

이와 같이 부처님과 스님들께 무언가 올리는 것을 '공양(供

養)’이라고 합니다. 지금은 ‘공양하셨습니까?’하면 ‘식사하셨습니까?’의 의미로 쓰이지만 ‘공양’의 원래 뜻은 ‘부처님과 스님들께 무언가 올린다, 드린다’는 것을 말하며, 밖으로는 ‘부처님과 스님께 무언가 바치고, 안으로는 자신의 복과 선업과 공덕을 기른다’라는 뜻이 있습니다.

후대에 이르러 부처님과 스님들께 무언가 받치는 것을 정형화한 것이 ‘육법공양(六法供養)’입니다. ‘여섯 가지 법다운 공양’이라는 뜻입니다. 육법공양을 구성하는 여섯 가지 공양물은 등(초), 향, 꽃, 과일, 쌀, 차입니다. 여섯 가지 공양물에는 깊은 상징적 의미가 있습니다.

등(초)은 반야등(般若燈)이라고 해서 반야는 지혜를 뜻하고 등이나 초의 환한 빛으로 어둠이 사라지듯이 중생의 어리석음이 사라지고, 지혜가 밝혀진다는 의미입니다. 등이나 초를 올리면 다음 생에 머리가 밝아지고 지혜로워진다고 합니다.

향은 해탈향(解脫香)이라고 해서 해탈은 ‘모든 구속에서 벗어난 완전한 자유’를 뜻하고 향을 피우면 점점 작아지며 향기만 남고 결국은 그 향기마저 사라지는데 수행을 통해 모든 번뇌가 사라지고 수행의 향기가 세상에 퍼지며 사라지듯이 결국 아무런 집착 없이 완전한 자유 속에 살아감을 뜻합니다.

꽃은 만행화(萬行花)라고 해서 만행은 ‘일만 가지의 선행’을 뜻하고 하나의 꽃을 피우려면 수많은 인고의 과정을 거치듯이

공덕을 꽃 피우다

수행자가 일만 가지의 모든 선행을 완성해서 수행의 꽃을 활짝 피우고 나아가 완성된 수행의 꽃으로 이 세상을 아름답게 장엄한다는 뜻입니다. 수행자가 수행하는 모습 그리고 수행이 완성되었을 때 이 세상을 위해서 아름다운 존재로 거듭날 수 있다는 것을 강조하기 위한 것입니다.

과일은 보리과(菩提果)라고 하여 보리는 '깨달음, 진리'라는 뜻이고 수행의 마지막 결과인 '깨달음의 열매'를 뜻합니다. 싹이 트고 꽃이 핀 후 열매가 열리지요? 그렇다면 수행의 열매는 무엇일까요? 깨달음입니다. 그래서 깨달음과 과일의 상징적 의미를 서로 통합하기 위해서 보리과, 깨달음의 열매라고 표현한 것입니다. 그래서 과일을 올리는 것은 우리도 열심히 수행해서 저 과일과 같이 깨달음의 열매를 얻겠다는 의미가 담겨져 있습니다.

쌀은 선열미(禪悅米)라고 해서 선열은 참선을 통해 마음이 고요해진 기쁨의 상태를 말하는데 밥을 먹으면 기분이 좋아지고, 몸에서 힘이 나듯이 참선을 해서 마음이 고요해지면 몸과 마음이 행복하고 건강해진다라는 의미가 담겨져 있는 것이 선열미의 의미입니다. 쌀을 부처님께 올릴 때 쌀로 중생들이 밥을 삼듯이 수행자는 열심히 참선을 해서 마음의 양식으로 삼겠다는 뜻입니다.

템플스테이에 참여한 어느 한 외국인이 저를 보니 굉장히 행복해 보이는데 그 비결이 무엇인지 물어본 적이 있습니다. 저는 그것을 명상이라고 했습니다. 제 인생에서 배운 최고의 기술은 명상이라고 생각합니다. 힘들고 괴로울 때 벽을 보고 앉아 부처님이 가르쳐주신 방법대로 명상을 하면 기쁨이 샘솟습니다. 스님들도 스트레스를 받는데 지혜롭게 극복하는 방법이 바로 명상입니다. 여러분들도 행복해지고 싶다면 집에서 하루에 20~30분씩 명상을 해보시기 바랍니다. 물론 처음에는 힘들고 잘 되지 않지만 10분, 20분 시간을 조금씩 늘려 가다 보면 분명히 탁월한 효과가 있을 것입니다.

차는 감로차(甘露茶) 혹은 감로수(甘露水)라 해서 감로는 신선들이 마신다는 '신들의 음료수'를 말하는데 감로수를 마시면 모든 갈증이 사라지고 무병장수하게 된다는 것입니다. 부처님께 차나 물을 올리는 것은 '우리 중생들이 가지고 있는 번뇌의 갈증이 모두 사라지고 몸과 마음이 건강하여지이다'하는 발원이 담겨져 있습니다.

등(燈) 공양의 공덕

부처님 제자 중에 신통제일 목련 존자가 계십니다. 목련 존자는 신통이 뛰어나 지옥세계에서부터 천상세계까지 마음대로 드나들 수 있었습니다. 어느 날 천상세계에서 선녀들을 만났는데 그 중 유독 아름답고 몸에서 빛이 나는 선녀를 보았습니다. 목련 존자는 이 선녀에게 "당신은 다른 선녀들보다 더 환한 빛이 나고 아름답습니다. 어떤 복을 지었기에 그렇습니까?"하고 질문하자 선녀는 "저는 부처님의 제자였던 빔비사라왕의 하인이었습니다. 하루는 왕궁의 법당에서 기도를 하고 싶어 들어갔는데 등불이 꺼지고 깜깜해서 앞뒤를 볼 수 없었습니다. 부처님 법당이 어두운 것이 너무나 죄스런 마음이 들어 제 사비를 털어 기름을 사 불단을 환히 밝힌 적이 있었습니다. 그때 정성스런 마음으로 부처님 법당을 환하게 밝혔던 등불의 공덕으로 이번 생에 선녀로 태어났으며 몸에서 환한 광채를 얻을 수가 있었습니다"하며 대답했다고 경전 설화에 나옵니다. 이것이 등불(초) 공양의 공덕입니다.

경전에 보면 등불이나 초 공양을 많이 하면 여러 가지 공덕을 얻을 수 있는데 그 중 하나가 얼굴이 항상 환하고 눈이 밝은 복을 받는다고 합니다. 이 내용을 보고 제가 가슴을 쳤습니다. 제가 시력이 굉장히 안 좋은데 전생의 무슨 업병이 있는지 책 보는 것을 굉장히 좋아함에도 눈이 피곤해서 책을 오래 보지 못합니다. '이럴 줄 알았으면 전생에 등불 공양을 많이 할걸'하는 아쉬움이 있습니다.

꽃 공양의 공덕
석가모니 부처님 이전 시대 부처님이신 가섭 부처님 시대에 어느 스님이 있었습니다. 이 스님이 열심히 수행하고 있는데 네 명의 소녀가 길을 가다가 스님의 수행 모습을 보고 감동하여 주변에 있는 꽃을 따서 스님께 바치며 "거룩하신 스님이시여, 정성스런 마음으로 이 꽃을 스님께 바칩니다"하고 말했습니다. 이후 소녀들이 죽고 난 후에 하늘세계에 태어났으며 가섭 부처님 시대가 가고 석가모니 부처님 시대에 인간세계에 태어나서 석가모니 부처님의 법문을 듣고는 네 명의 소녀들은 모두 깨달음을 얻었다고 합니다. 그리고 경전에 의하면 꽃 공양을 많이 올리면 태어날 때마다 아름다운 모습으로 태어나는 큰 공덕이 있다고 합니다.

과일 공양의 공덕

어느 농장에서 일을 하던 가난한 여인이 있었습니다. 여인은 일을 하던 중에 탁발하러 지나가는 스님을 만나게 되었습니다. 여인은 스님에게 무엇이라도 공양하고 싶었지만 아무것도 가진 게 없었습니다. 이에 자신이 일을 하던 농장에 있던 작은 과일을 하나 깨끗이 닦아 "스님, 스님 탁발나가십니까? 제가 가난하여 드릴 것은 없고 이 작은 과일이라도 정성스레 올리고 싶습니다"하며 스님의 발우에 넣어드립니다. 이 여인도 죽은 후 천상세계에 태어났다고 합니다.

공덕을 꽃 피우다

물 공양의 공덕

사위성 시골마을에 굉장히 가난한 여인이 있었습니다. 그 집에 부처님께 인사드리러 가던 여러 명의 스님들이 잠시 땀을 식히고 있었습니다. 이 여인은 스님들에게 무언가 공양을 올리고 싶었지만 아무것도 없기에 시원한 물이라도 드리고 싶어 우물가에서 물을 떠와 정성스레 드렸습니다. 스님들은 그 물을 아주 달게 마셨다고 합니다. 이 가난한 여인네도 죽은 후 천상세계에 태어났다고 합니다. 이와 같이 하늘세계에 태어나는 공덕은 참으로 쉽습니다. 정성스런 마음이 가장 중요합니다.

쌀 공양의 공덕

왕사성에 거지 여인이 있었습니다. 이 여인은 어느 부잣집에서 누룽지를 한 덩이 얻어 길을 가고 있었습니다. 마하가섭 존자(부처님의 십대제자 가운데 한 사람으로 용맹정진의 두타행(頭陀行)이 제일)가 탁발하는 모습을 봅니다. 이 여인은 갖고 있던 누룽지를 공양을 할지, 말지를 고민하다가 '내가 이리 힘들고 못사는 것은 내 복이 없어서이니 복을 짓자' 결심하고 마하가섭 존자 발우에 누룽지를 넣으며 "거룩하신 스님이시여 보잘 것 없는 누룽지이지만 제가 복을 짓기 위해 이것을 공양합니다"하며 예배하였습니다. 이 여인도 죽은 후 천상세계에 태어났다고 합니다.

이와 같이 작은 공덕이라도 천상세계에 태어날 수 있습니다. 단, 한결 같은 공통점은 바로 '정성스런 마음'입니다. 정성스런 마음으로 올렸기 때문에 하늘세계에 태어날 수 있는 큰 공덕이 된 것입니다.

재물을 갖지 않고 베푸는
일곱 가지 보시

어떤 분이 부처님께 "거룩하신 세존이시여 정말로 아무것도 공양 올릴 것이 없을 때에는 어떻게 해야 합니까?"하고 여쭈니 부처님께서는 가진 것 없어도 보시할 수 있는 일곱 가지 방법이 있다고 하셨는데,

첫째, 안시(眼施)	따뜻한 눈빛으로 사람들을 대하는 것
둘째, 화안시(和顔施)	자비롭고 미소 띤 얼굴로 사람들을 대하는 것
셋째, 언시(言施)	아름답고 공손한 말로 사람들을 대하는 것
넷째, 신시(身施)	몸소 행동으로 사람들을 돕는 것
다섯째, 심시(心施)	따뜻한 마음으로 사람들을 배려하는 것
여섯째, 상좌시(上座施)	다른 사람에게 자리를 양보하는 것
일곱째, 찰시(察施)	상대의 속을 미리 헤아려 도와주는 것

공덕을 꽃 피우다

이것이 바로 무재칠시(無財七施)로 재물이 없어도 보시하는 일곱 가지 방법입니다. 누구라도 마음만 있으면 할 수 있는 것입니다. 이 무재칠시로 엄청나게 큰 공덕을 지을 수 있습니다.

여러분이 부처님과 스님들께 공양하고 나보다 못한 이웃들에게 베푼다면, 나와 부딪히며 사는 생활 속의 모든 사람들에게 몸과 마음으로 배려해 줄 수 있다면 분명히 여러분들 삶에 엄청나게 큰 공덕으로 자라날 것입니다.

관세음보살 가피로
고난에서 벗어나다

이렇게 방송에 나와서 이런저런 부처님의 가르침에 대해서 얘길 하다 보니 상담이 많이 들어와요. 대부분 상담하시는 분들은 답답한 일이 있어서 상담을 하시잖아요? 그런데 제가 말씀드릴 수 있는 결론은 하나 밖에 없더라고요. 기도하라는 말씀밖에 드릴 말씀이 없어요. 불교에서는 인생 자체가 불만족의 연속이라고 합니다. 사는 것이 괴로움이라고 하는데, 그 괴로움이라는 것은 끊임없는 불만족의 연속이라는 것입니다.

또 무언가를 쥐면 만족스럽겠지만, 또 그것을 성취하고 나면 또 다른 허함이 다가옵니다. 이 인생이라는 거대한 흐름 속에서 자신의 마음을 잘 다스리는 것이 중요합니다. 그런데 살

공덕을 꽃 피우다

다 보면 안 좋은 일도 일어나는데, 불교에서는 살아가면서 생기는 고통에서 벗어나기 위해서 열심히 기도를 해서 불보살님의 가피를 받으라는 얘기를 합니다. 그래서 오늘 기도를 통해서 인생의 괴로움을 벗어날 수 있는 방법에 대해서 얘기를 해드릴까 합니다.

여러분 관세음보살님은 다 들어보셨죠? 한국인이라면 불자인지 아닌지, 절에 다니는지 그렇지 않은지를 떠나서 관세음보살님은 다 아실 겁니다. 관세음보살님에 대해서 나와 있는 경인 〈관세음보살보문품〉에 다음과 같은 구절이 나옵니다. 무진의보살이 부처님께 절을 올리고 나서 "어찌하여 관세음, 관세음이라 부르옵니까"하니 부처님께서 "이 세상에 수많은 중생들이 누구라도 관세음보살의 이름을 듣고, 관세음보살의 이름을 일심으로 부르면 모든 괴로움에서 벗어날 것"이라는 말이 〈관세음보살보문품〉에 나와 있습니다.

대만 불광사
성운대사 이야기

여러분, 관세음보살님 얘기는 많이 들어보셨겠지만, 관세음보살님을 보셨어요? 정말 있을까, 없을까? 정말 애매한 질문이죠. 우리 역사를 보면 관세음보살님을 보셨다는 얘기가 많아요. 관세음보살님을 정말 봤고, 관세음보살님을 통해서 여러 어려움에서 벗어났다는 얘기가 아주 많습니다. 수많은 얘기 중에서 몇 가지만 말씀드릴 텐데요. 대만 아시죠? 대만은 불교 국가라 해도 과언이 아닐 정도로 굉장히 불심이 높은 나라입니다.

대만에서 포교로 유명하신 분이 대만 불광사에 성운대사라고 계시는데, 이 분께서 나이 아홉 살에 신비한 경험을 하십니다. 그분이 원래 중국에서 사시던 분이었는데, 하루는 학교에 갔다가 집에 오는 길에 강뚝을 뛰어가다가 그만 발을 헛디뎌서 강물 속에 풍덩 빠졌답니다. 그 강물에는 수초가 있어서 몸을 휘감고 진흙이 있어서 빠져나올 수가 없었대요. 그러다가 어머니 모습이 생시처럼 눈 앞에서 나타나더니 아주 어둡고 컴컴한 곳에 묘지 같은 게 하나 있더래요. 그래서 '아, 이제 죽는 건가'하고 강물 속에서 의식을 잃어버리고 있었는데, 순간 환상을 봤대요. 하얀 옷을 입은 여자가 자기를 강 밖으로 끌어주고 있었대요. 정신을 차려서 보니 자신이 강뚝에 누워있더랍니다. 그때 마침 강뚝을 지나가는 사람이 자신을 집에 업어서 데려다줘서 겨우 살아날 수 있었대요.

그런 후 '삶이란 무엇일까, 죽음이란 무엇일까, 어떻게 해야 잘 사는 것일까, 어떻게 해야 잘 죽는 것일까'하는 생각을 하

공덕을 꽃 피우다

게 됐대요. 그러다가 어머니에게 환상 속에서 봤던 하얀색 옷을 입은 여자 얘기를 했어요. 꿈결인지 실제인지 하지만 분명히 자신이 봤다고 하니, 그 분이 바로 관세음보살님이시다 하더래요. 여러분, 관세음보살님의 상징 중 하나가 하얀 옷을 입는 것입니다. 그래서 백의관음(白衣觀音)이라고 하는데, 그 말을 하자 아이가 "관세음보살님은 어떤 분이십니까?"하고 어머니께 물으니 어머니는 "관세음보살님은 남을 돕기 위해 끊임없이 활동하고 있는 분이시다"하고 말씀하시자 아이는 '그래, 나도 앞으로는 이렇게 살아야겠다'는 생각을 합니다. 그런 후 어머니에게 "저도 평생토록 나와 남을 행복하게 해주는 사람으로 살겠습니다. 평생 남을 도우면서 살겠습니다"라고 어머니에게 대답했다고 합니다.

그래서 이 분이 십대에 출가를 하셔서 대만에 불광사를 창건하고 대만 불교를 대표하는 큰스님이 되셨는데 현재 팔십 세가 넘으신 것으로 알고 있어요. 이 분은 어린 나이에 관세음보살을 보셨던 그 경험으로 인해서 당신의 가치관이 바뀌고 출가를 한 뒤에도 위급하고 답답한 일이 있을 때에 관세음보살을 부르면 알게 모르게 그 일이 풀렸다는 법문을 자주 하신다고 합니다.

만해 한용운스님 이야기

여러분, 만해 한용운 선생이라고 아시죠? 만해스님은 승려이시고, 위대한 시인이셨고, 이 나라를 위해 몸 바쳤던 그런 충정 열사이셨고, 독립운동가셨죠. 그런데 만해스님께서 1905년 설악산 백담사에서 출가를 하셨는데, 백담사 가보셨어요? 백담사 좋죠. 백담사 위로 한 시간 위로 가면 오세암이라고 나와요. 아주 유명하죠. 만해스님이 그 오세암에서 몇 년 동안 열심히 수행을 하셨다고 해요. 오세암은 관세음보살 기도 도량입니다. 만해스님의 일대기를 보면 오세암에서 수행의 큰 힘을 얻으셨다는 기록이 나옵니다. 1910년에 우리나라에 어떤 일이 있었어요? 그렇죠. 경술국치가 있었어요. 일본에 우리나라의 주체성을 빼앗기는 정말 가슴 아픈 일이 펼쳐지죠. 1910년에 나라를 빼앗기고 나서 한용운스님이 마음이 너무 아픈 거예요. 그 슬픔을 안고 1911년에 만주땅을 밟게 되고, 그러다가 독립군 본체에 가시게 됩니다.

나라의 앞날을 걱정하며 독립군 본체를 나오는데 자꾸 미행이 붙더래요. 누군가 하고 보니 한국인 청년 세 사람이더랍니다. 같은 조선 사람이니까 별로 개의치 않고 가던 길을 계속 가고 있는데, 고갯길에서 총소리가 나서 보니 자신을 겨눈 총이었대요. 첫 번째, 두 번째, 세 번째 총에 머리가 맞아서 피가

공덕을 꽃 피우다

철철 났대요. 만해 한용운스님이 쓰러져서 허공을 바라보는데, 처음에는 아프더니 나중에는 편안함이 밀려오더래요. '내가 이렇게 죽는구나'하고 느낄 때 눈앞에서 관세음보살님이 나타나더래요. 관세음보살님이 너무너무 아름답더래요. 불상으로, 탱화로 보는 것은 비교가 안 될 정도로 아름다워서 죽는 와중에도 넋을 잃고 관세음보살님을 보고 있었대요. 관세음보살님이 꽃 한 송이를 들고 미소를 짓고 있으니 너무 기분이 좋았는데, 관세음보살님이 "네 목숨이 경각에 달려있는데, 어찌 그렇게 가만히 있느냐"하면서 관세음보살님이 들고 있던 꽃을 던져주더래요. 그 순간 정신이 번쩍 들면서 힘이 확 나더래요. 그래서 가까스로 그 자리에서 일어나서 어떻게 넘었는지 모르겠지만 산을 넘었다고 합니다. 그래서 그 당시 중국 사람들 마을에 당도하게 됩니다. 만해스님이 피를 철철 흘리며 오니까 중국 사람들이 붕대를 감아주자 그 조선 사람들 세 사람들이 다가오더랍니다. 만해스님이 그 자리에서 "죽일 테면 죽여라"하고 소리를 버럭 지르니 다들 겁이 나서 조선 청년 세 사람이 도망을 가더랍니다. 중국인 마을에서 응급 치료를 받았는데, 그때 총탄을 빼어냈는데도 총탄 몇 개가 남아있어서 겨울이면 머리가 차가워지면서 머리가 아파오는 후유증이 있었다고 해요. 그 뒤 만해스님이 자신이 살아있을 때 관세음보살님을 직접 보았다고 이 이야기를 자주 하셨대요. 이런 것을 보면 불교의 관세음보살이나 보살님들의 가피는 참 묘하구나 하는 생각을 합니다.

한용운스님과 관련된 일을 하나 더 얘기해 드리자면, 일제 강점기 때 어떤 집에 할머니가 계셨어요. 그 할머니에게 아들이 하나 있었는데, 아들이 중일전쟁 학도병으로 끌려간 거예요. 그러니 할머니는 우리 아들 죽으면 어떻게 하나 걱정이 태산 같았답니다. 그러니 사람들이 근처에 만해스님이 계시니 스님께 가서 상담을 좀 받아보라고 했대요. 그래서 그 할머니가 만해스님을 찾아갑니다. "스님, 스님, 우리 아들이 학도병으로 끌려갔는데, 너무 불안해요"하니 만해스님이 내 말대로 하면 아들이 꼭 살아서 돌아올 거라고 하더래요. 할머니가 "어떻게 하면 됩니까?" 그러자 스님은 "지금부터 아들을 생각하며 아침에 일어날 때부터 잠들 때까지 한마음으로 관세음보살을 염불하라"고 했대요. 그런데 이게 쉬워요? 어려워요? 어려워요. 계속 마음을 하나로 모아서 관세음보살을 부르는 게 어려워요. 만해스님이 "아들 살리고 싶으면 오로지 아침에 일어나서 저녁 잠들 때까지 관세음보살, 관세음보살, 하다못해 관세음보살님은 깨끗한 것, 더러운 것 가리지 않는다. 일을 볼 때도 관세음보살, 관세음보살 하거라" 했대요. 옛날 분들이 얼마나 순수해요. 그러니 그 할머니는 제발 우리 아들 좀 지켜달라면서 관세음보살, 관세음보살 해서 꿈에서조차 관세음보살,

공덕을 꽃 피우다

관세음보살 했대요.

그런데도 얼마 시간이 지난 후 아들이 장렬하게 전사했다는 부고장이 날아와요. 그러니 그 할머니가 얼마나 큰 배신감이 들겠어요? 관세음보살님도 필요 없고, 부처님도 필요 없다고 생각해요. 그래도 그렇게 아들을 잃었지만 옛날 사람들은 49일 동안 제사를 지냈잖아요. 아들 49재도 지냈으니 그간 내가 아들만 바라보고 지냈는데 내가 살아 무엇을 할까 하는 생각이 들어서 식음을 전폐하고 누워있는데 밖에서 "어머니, 어머니"하는 소리가 들리더래요. "누구지?"하며 '내 아들이 귀신이 되어서 인사를 하러 왔구나'하고 문을 열었더니 아들이 서있더래요. 가서 아들을 만져보니 귀신이 아니고 살아생전과 똑같은 진짜 아들 제명이더래요. "너 죽었다고 부고장이 날아왔는데 이게 어떻게 된 일이냐"하니 아들이 어머니를 방에 모셔놓고 얘기를 하더래요.

그때 굉장히 격렬한 전쟁이 일어나고 있었대요. 밤에 보초를 서고 있는데 저 멀리서 "제명아, 제명아"하는 어머니 목소리가 들렸대요. '오, 어머니 목소리가 어떻게 나지?'하는 생각에도 "제명아, 제명아, 엄마야" 하더래요. 그런데 너무 생생해서 '진짜 어머니가 나를 찾아오신 건가, 그도 아니면 환청인가 확인해야겠다'는 생각이 들더랍니다. 그래서 보초를 서다가 이탈해서 그 목소리를 따라갔대요. "어머니, 어딨어요? 어덯어요?"하면서 따라갔대요. 그런데 어느 지점까지 오니 그렇게 생생하던 "제명아, 제명아"하던 목소리가 싹 사라지더래요. 새벽에 어머니 목소리를 찾아 한참을 찾았는데 말이에요. 그 순간 자신이 보초를 서다가 나온 것을 깨닫고 부대에 가보니 그날 밤 적군들이 침입해서 부대 사람들이 몰살당한 거예요. 소름이 확 끼치면서 '어머니 목소리가 아니었으면 내가 죽었겠구나' 했대요. 그래서 그 아들은 '탈영병으로 잡혀서 내가 사형을 당하더라도 어머니를 뵈러 가야겠다'는 생각으로 옷을 갈아입고 무려 한 달을 걸어서 집으로 돌아왔다고 말합니다. 그러니 어머니가 눈물을 펑펑 쏟으면서 "관세음보살님, 관세음보살님께서 우리 아들을 이렇게 지켜주셨는데 저는 관세음보살님 욕을 했습니다." 그러면서 이 어머니와 아들은 앞으로는 관세음보살님 은혜를 갚자는 뜻으로 집을 절로 바꿔 관음암이라 붙여서 평생 그 은혜를 갚으면서 살았다고 해요. 정말 기적 같은 얘기이지요? 이처럼 관세음보살님의 묘한 가피 이야기가 아주 많이 전해오고 있습니다.

금오스님 이야기

법주사 아시죠? 법주사 큰스님이었던 금오스님이 계셨는데,

공덕을 꽃 피우다

젊은 시절에 수행, 참선을 열심히 하셨던 선승이셨습니다. 스님께서 생기신 게 달마 스님처럼 우락부락하게 생기셨어요. 뼈가 장골이었고 힘도 장사셨는데, 만주땅에 아주 유명한 수월이라는 도인 스님이 살고 계셨어요. 금오스님은 '수월 스님 밑에서 공부를 좀 해야겠다'는 생각으로 바랑을 싸서 만주땅으로 건너가셨대요. 그때가 1920년대 일제 강점기였어요. 그때 만주땅 경계가 중국, 러시아 접경 지역이었는데 러시아 땅을 밟는 순간 군인들이 갑자기 나타나 금오스님을 끌고 가더래요. 왜 그러냐고 하니 금오스님이 만주땅에 오시기 전날 밤에 마적 떼들이 부잣집에 들어서 도둑질을 해간 모양이에요. 그러니 금오스님을 마적 떼 중 한 사람으로 본 것이지요. 금오스님을 잡아가더니 사실대로 얘기하라고 고문을 하더래요. 그렇게 하다가 도둑을 맞은 부잣집 부인을 데려와서 금오스님을 보여주니 마적 떼가 맞다고 해서 금오스님은 '꼼짝없이 죽겠구나' 했는데, 금오스님을 감옥으로 보내서 몇 날 며칠을 그대로 두더래요. 그때 그 교도소에 만주부락촌에서 온 한국인 선생님이 계셨는데, 그 선생님이 하는 말이 "그 마적 떼 살인범은 잡혔습니다" 하더래요. "그런데 왜 나를 놓아주지 않는 겁니까"하니 "당신을 꺼내주려면 일본 쪽에서 힘을 써줘야 하는데 일개 조선 사람을 위해 일본에서 힘을 써주겠습니까?"

이 이야기를 들은 금오스님은 고민하다가 이것은 인간의 힘으로 안 되겠다 싶었나 봐요. 그래서 관세음보살님께 의지해야겠다 했대요. 그 후 삼일 동안 오로지 관세음보살만 불렀대요. 먹지도 자지도 않고 관세음보살, 관세음보살을 부르면서 "저를 이 어려움에서 꺼내주세요"하고 관세음보살님을 찾았대요. 죽을 힘을 다해서 관세음보살을 부르는데 밖으로 연결돼 있는 창을 보니 누군가 망을 보고 있더래요. 망을 보고 있던 사람이 창문이 있는 쇠창살을 흔들어서 쇠창살을 뽑더래요. 부실공사였겠죠. (웃음) 그 사람이 쇠창살을 쓱 뽑고는 금오스님을 보면서 씩 웃다가 쇠창살을 다시 심어놓고 가더래요. 그 후 금오스님도 그 사람을 따라서 쇠창살을 흔드니 쇠창살이 뽑히더래요. '아, 이게 탈출하라는 뜻이구나' 해서 감옥을 나와서 뛰어나오니 뒤에서는 징소리, 나팔소리가 나잖아요. 금오스님이 아무리 천하장사지만 달리다가 산속에서 길을 잃고 헤매다가 러시아 병사를 딱 만나요. 금오스님이 놀라서 있는데, "이보시오, 혹시 탈옥수 못 봤소? 당신 같이 생겼는데 혹시 못 봤소?"하고 러시아 병사가 묻더랍니다. 그러니 금오스님이 뭐라고 하겠어요? 못 봤다고 하겠죠. 그러니 러시아 병사가 "탈옥수가 나왔으니 당신도 조심하시오"하고 사라지더래요. 그 순간 '이게 관세음보살님 가피구나'하면서 눈물이 솟구치더래요.

이렇게 어려움에서 벗어난 금오스님은 만주땅에 가서 수

공덕을 꽃 피우다

월 스님을 만나 1년 동안 수행을 열심히 하셨다고 해요. 그 뒤에 한국에 돌아와서 자신이 직접 겪은 이야기라며 수행을 하는 스님이라 해도 어려움이 생기면 마음을 비우고 관세음보살을 부르면 이렇게 기적 같은 일이 생긴다고 자주 말씀을 하셨다고 해요. 옛날 사람들은 다 절에 다니면서 "관세음보살, 관세음보살" 하셨잖아요. 항상 염주를 굴리시던 할머니들이 기억나잖아요. 이렇게 한국 사람들 마음 속에는 관세음보살님께서 살아있습니다. 중생들은 좋은 일이 있을 때도 있지만 정말 힘들고 괴로운 일이 있을 때도 있습니다. 그럴 때 여러분은 어떻게 하십니까? 술로 때우십니까? 누구를 원망하십니까? 정말 힘들고 괴로울 때 내 몸과 내 마음을 다 내려놓고 오롯하게 관세음보살을 불러보시기 바랍니다. 관세음보살을 불러도 좋고 지장보살을 불러도 좋습니다. 그러면 불보살님이 묘한 기적 같은 가피를 여러분에게 선물로 주실 것입니다.

염불공덕,
진정한 웰다잉

여러분 웰빙이란 말 들어보셨죠? 네, 잘 먹고 잘 살아보자는 말이죠. 그러면 웰다잉이라는 말 들어보셨어요? 네, 그렇죠. 잘 살고, 죽을 때 죽음을 잘 준비하자는 말이죠. 그런데 불교야 말로 웰다잉의 정점을 찍는 곳이 아닐까 해요. 생활수준이 높아지다 보니 100세 인생이라고 하잖아요. 옛날에는 육십 세만 넘어도 환갑잔치를 했는데, 요새는 칠순잔치를 하잖아요. 죽음은 이번 생을 마감하고 다음 생을 시작하는 하나의 관문이기 때문에 이번 생에 죽음을 어떻게 맞이하느냐가 아주 중요합니다.

　여러분 잘 죽고 싶으세요? 힘들게 죽고 싶어요? 올 때는 순서가 있어도, 갈 때는 순서가 없다고 하잖아요. 저 스스로도 '나는 어떤 죽음을 맞이할까' 하는 생각도 해봅니다. 그래서 죽음을 가지고 공부를 하다보면 불교야 말로 뛰어난 통찰을 갖고 있다는 생각이 들곤 합니다.

며칠 전 〈소나무〉 애청자로부터 편지가 도착했어요. 노보살님께서 당신 아버지께서 독실한 불자셨는데, 살아계실 때 금강경을 열심히 독송하셨대요. 〈금강경〉을 평생 독송하신 공덕이 있으셨던지 돌아가실 때 앉아서 편안히 돌아가셨대요. 불교에서 이런 것을 좌탈(座脫)이라고 합니다. 앉아서 벗어나셨다 하는 것이죠. 자신이 죽을 날짜를 알고, 고요하게 이 삶을 마무리할 수 있다는 것은 굉장히 큰 공덕이 아닐까 생각합니다. 제가 얼마 전에 부산에 잠시 갔다 왔어요. 부산에 관음사라는 절이 있는데, 제가 율원(律院-불교의 율사를 양성하는 전문 교육기관)에 다닐 때 스승님이 계셔서 인사를 드리고 차 한 잔을 마시며 그 편지글에 있는 내용을 말씀드렸습니다. 그러니 스님께서 "일반 재가인 중에서도 기도를 열심히 하신 분들 중에 앉아서 돌아가신 분들이 많습니다" 하시더라고요.

그래서 당신이 알고 있는 신도분 얘기를 해주셨는데, 살아생전에 친분이 있는 노보살님이 계셨답니다. 그 노보살님이 아주 열심히 기도를 하시는 분이었는데, 하루는 그 노보살님이 아침 일찍 일어나셔서 깨끗이 목욕을 하고 새 옷을 갈아입은 후 며느리를 불렀대요. 그런 후 "얘야, 내가 이제 좀 쉬어야겠다"고 말씀을 하신 후 바로 돌아가셨대요.

또 제가 선원에서 참선 공부를 할 때 스님과 차를 마시다가 앉아서 죽음을 맞이하는 것에 대해 들었는데, 당신이 아시는 어느 불자님이 계셨대요. 이 분 역시 어느 노보살님이었는데, 평생을 교직에 있었답니다. 교육자로 살아가시다가 정년퇴임을 하시고는 불교 공부를 엄청나게 열심히 하셨대요. 이 노보살님은 〈반야심경〉을 하루에 108번 사경했대요. 이렇게 하려면 손목도 아프지만 밥 먹는 것만 빼고 하루 종일 써야 해요. 이 분이 하루는 식구들을 다 불렀대요. 아들, 딸, 손주들을 다 불러놓고 식사를 마치신 뒤 차 한 잔을 하다가 "앞으로 착하게 살아라"하고 자손들에게 당부를 하고, 숨을 거두셨대요. 이 얘기를 들으며 '정말 기도의 세계는 신비롭기 그지없구나'하는 생각을 하기도 했습니다.

순천 송광사
방장스님 일화

순천에는 송광사가 있습니다. 우리나라 삼보(三寶) 사찰 중 하나잖아요. 절에 큰 어른스님을 방장스님이라고 합니다. 현재

공덕을 꽃 피우다

순천 송광사 방장스님인 보성 큰스님은 후학들을 위해 교육 불사에 아주 큰 공헌을 한 어른스님이세요. 보성 스님께서 예전에 재미난 법문을 해주신 적이 있습니다. 보성 스님께서 친분이 있는 노보살님이 계셨대요. 그런데 그 노보살님이 어찌나 입이 거치셨는지, 아주 욕쟁이 할머니였대요. 그러니 사람들과 시비가 자주 일잖아요. 그래서 가족들도 엄청 피곤했답니다. 하루는 그 가족들이 보성 큰스님을 찾아와서 "스님께서 저희 어머님을 불러다가 한마디 따끔하게 말씀 좀 해주세요. 저희들도 못살겠습니다" 했대요. 그래서 큰스님이 노보살을 불러서 "할매, 할매가 욕을 그렇게 잘 한다며? 그렇게 하면 쓰겠나?" 했대요. 그랬더니 그 노보살님도 큰스님은 무서워했는지 "스님, 죄송합니다. 제가 업장이 두터워서 그런가 봅니다" 그랬더니 큰스님이 하루에 아미타불 염불을 삼만 번씩 하라고 했대요. 하루에 삼만 번 아미타불을 염불을 하자면 10시간이 걸려요.

아침에 일어나서 저녁 때까지 삼만 번 아미타불 염불을 하려니 남들하고 얘기도 못하고 물론 욕도 못하게 됐대요. 그렇게 삼년을 하니 이웃사람이 찾아와서 시비를 걸어도 말도 하지 않더래요. 이렇게 염불 공덕이 뛰어나요. 여러분도 내가 성격이 안 좋다 하시는 분들은 염불을 좀 해보세요. 불교에서는 화를 잘 내면 다음 생에 독사로 태어나기 쉽다고 합니다. 그리고 사람으로 태어나도 얼굴이 못생기게 태어날 확률이 많다고 합니다. 그러니까 아주 나중에 이 할머니가 기도를 하시다가 아들이 오니까 "내가 너의 무릎을 배게 삼아서 머리를 좀 베자꾸나" 했대요. 그런 후 어머니가 편안한 미소를 지으면서 숨을 거두셨다는 얘기를 순천 송광사 방장스님이 저희 후학들에게 해주셨던 기억이 납니다. 진짜 신비롭죠? 그런데 이게 남의 얘기가 아니라 '나도 기도를 열심히 하면 나도 이처럼 떠날 수 있겠구나'하고 믿는 것이 웰다잉입니다. 그래서 불교의 웰다잉이라는 것은 바로 기도, 염불이 아닐까 생각합니다.

진주 연화사
사리탑

진주도 불심이 강하기로 아주 유명한 곳이죠. 진주 시내에 연화사라고 하는 오래된 포교당이 있어요. 이 연화사 뒤편에 가면 사리탑이 하나 있답니다. 사리탑이 무엇인지는 다들 아시잖아요. 그런데 그 사리탑이 큰스님의 사리를 모셔놓은 게 아니라 연화사 여신도의 사리를 모셔놓은 것이랍니다. 일반 재가불자의 사리를 모셔놓은 사리탑을 보기는 어려운데 성은 송씨, 법명은 선덕화라고 해서 어느 노보살님의 사리탑이라고

공덕을 꽃 피우다

합니다.

일제 강점기 때 있던 일이에요. 이분도 옛날 사람들이 다들 그랬듯, 시골에서 농사짓는 평범한 아낙네였다고 해요. 가끔씩 연화사에 큰 행사나 제사가 있으면 일을 좀 도와드리고 떡도 얻어오고, 나물도 얻어오고 그렇게 사셨는데, 어느 날 연화사 법당에서 큰스님 법문을 듣게 되었다고 해요. 큰스님이 "나무아미타불 염불을 열심히 하십시오. 그러면 죽은 후 아미타불 불국토에 태어나게 됩니다." 그 법문을 들은 후 크게 감동했대요. "이번 생에 염불을 열심히 하면 다음 생에 불국토에 태어나는 구나"하며 그래서 그 후로 이 분이 아미타불 염불을 정말 열심히 했답니다. 사람을 길에서 만나도 "안녕하세요"하고 인사를 해오면 "나무아미타불"이라고 답했대요. 길을 걷다가 "어디 가세요?" 해도 "나무아미타불" 했더랍니다. 아침에 일어나도 나무아미타불, 점심에 밭일을 하면서도 나무아미타불, 잘 때도 나무아미타불 이렇게 20~30년 동안 염불을 열심히 했습니다.

그런데 이런 게 옛날이라 가능했던 것 같아요. 요즘처럼 바쁘게 살면 이런 게 가능했을까 싶어요. 그런데 하루는 이분이 팔십이 넘으셔서 연화사에서 친하게 지냈던 신도들 집을 다니면서 내가 나흘 뒤에 떠날 거라고 얘길 하더래요. 그래서 어디 여행가냐고 하니 그게 아니라 나흘 뒤 어스름해질 때 내가 극락세계로 떠날 테니 우리 그곳에서 만나자고 작별인사를 하니 사람들은 할매가 노망났다고 했습니다.

그 후 진짜로 나흘 뒤에 가족들과 식사를 마친 뒤 그 노보살님이 "기도를 열심히 해라, 염불을 열심히 하거라, 나도 염불을 열심히 했더니 나 같이 무식한 할매도 지금까지 정신 멀쩡하게 살아있지 않느냐, 내가 기도해보니 지옥도 있고 천당도 있고 극락도 있다"라는 말씀을 마치고는 정말 조용히 그 자리에서 숨을 거두셨대요.

숨을 거두자 가족들은 할머니, 할머니 하고 울고 있는데, 밖에서 소방대가 몰려와서 불을 끄러 왔대요. 여기 불이 나서 불을 끄러 왔다고 해요. 이 집에 불이 어디 있냐고 살펴보니 불이 난 게 아니라, 그 집에서 할머니가 숨을 거두자 빛이 뿜어져 나와서 멀리서는 불이 난 줄 알고 소방대원은 물론 동네 사람들이 양동이에 물을 담아서 갖고 온 거예요. 이런 것을 불교에서 방광(放光)이라고 하죠. 그러니 이 소식이 마을에 쫙 퍼져요. 그 지역에 있는 많은 사람들이 찾아와서 조문을 했고, 많은 이들이 불교식대로 화장을 하자는 얘기가 나와서 마을 사람들이 돈을 모아서 화장을 해드렸는데 빛이 영롱한 사리 7과가 나왔대요. 그래서 평생 다니셨던 연화사 뒤켠에 스님들의 허락을 맡고 사리탑을 세워놓았다고 합니다. 지금도 연화사에 가보면 송선덕화 보살의 사리탑이 놓여져 있다고 해요. 이런

공덕을 꽃 피우다

것을 보면 염불공덕 기도의 힘이 정말 신비롭구나 하는 생각을 합니다.

이런 얘기가 불교에서는 너무 많아요. 저도 수행 생활을 한 지 어언 20년이 다 되어가고 있습니다. 출가한 지 얼마 되지 않았을 때는 이렇게 열심히 기도하다가 돌아가셨던 얘기들을 모은 책을 〈왕생집〉이라고 하는데 그 얘기들을 읽으면서도 '이것을 믿어야 하나, 말아야 하나' 했는데, 그간 저도 보고 듣고 경험한 것들이 있잖습니까? 〈왕생집〉의 신비한 기록과 그 내용이 똑같은 일들이 현대에도 이뤄지고 있는 듯합니다.

그래서 '이 세상에는 소위 합리라는 말로, 논리라는 말로 설명할 수 없는 신비한 종교의 기적들이 많구나'하는 생각이 수행생활을 하면서 새록새록 듭니다. 이런 얘기들을 들은 불자님께서도 '진짜? 믿어도 돼? 설마?'하는 의심을 잠시 내려놓고 여러분들이 직접 염불하고 기도하신다면 여러분들도 기도의 체험을 반드시 이루실 것입니다.

그러니 의심하시지 마시고 한 번 염불기도를 해보시길 바랍니다. 당장 효과가 있느냐, 없느냐 하지 마시고 멀리 장기적인 안목을 보시고 내 삶에 있어서 아름다운 마무리를 위해서, 진정한 웰다잉을 위해서 염불 수행을 해보신다면 나중에는 여러분들도 숨을 거두실 때 〈소나무〉를 보고 염불 열심히 한 게 다행이구나 하실 겁니다.

서울 보국사
법륜각 보살 이야기

현대에 있었던 얘기입니다. 서울에 보국사라는 절이 있어요. 그곳에 법륜각이라는 노보살님이 계셨는데, 그 노보살님의 마음 속 스승이 해인사 홍제암의 자운 큰스님이었다고 해요. 우리나라 계율을 널리 중흥하셨던 자운 율사 큰스님께서는 재가인들에게 염불을 많이 하라고 하셨답니다. 법륜각 보살이 젊었을 때 자운 큰스님 밑에서 염불 수행을 열심히 하셨대요. 그래서 염불하고 염불하다 보니 염불과 입이 떨어지지 않는 경지까지 됐대요. 그래서 하루에 염불을 십만독을 하셨대요. 이렇게 하려면 하루에 20시간을 해야 해요. 십만독씩 삼십 년을 하셨대요. 나무아미타불, 나무아미타불 열심히 염불을 하셨는데, 하루는 보국사 주지 스님이 법륜각 보살을 보려고 집에 찾아와서 "뭐 하고 계셨어요?"하고 물으니 "티브이를 보면서 염불을 하고 있었습니다"하고 대답했대요. 그러니까 주지 스님이 '티브이를 보면서 염불이 될까?'하고 속으로 의심하는 마음을 일으켰대요. 벽 보고 염불을 해보세요. 5분 동안 염불에 집중하기가 어려워요. '오늘 뭐 먹을까, 드라마 끝이 어떻게 될까?' 오만생각이 다 들어요. 그런데 티브이를 보면서 염불을 했다 하니 주지 스님이 그렇게 생각하신 것이지요.

공덕을 꽃 피우다

법륜각 보살이 심장이 안 좋으셨대요. 연세가 드신 다음 병원에 입원했다가 퇴원하기를 몇 번 반복하셨습니다. 병원에 입원을 해서 간병인하고 병실 생활을 하고 있는데 간병인이 말하기를 침대에 누워있을 때에도 항상 염불을 하셨대요. 어느 날 나무아미타불을 하시다가 누워계시는데 그날따라 기력이 없으셨대요. 그러다가 갑자기 일어나서 소리를 지르더래요. "부처님이 오셨다, 부처님이 오셨다" 이렇게 두 번을 소리 지르더래요. 그러더니 침대에서 내려와서 서쪽을 향해서 삼배를 정성스럽게 하더니 평온한 얼굴로 침대에 올라가자마자 그 자리에서 숨을 거두셨대요. 그 간병인이 이 광경을 모두 목격했대요. 그러니 그 간병인이 너무나 놀랍기도 하고 신심이 나서 보국사 주지 스님께 말씀드렸대요. 불과 20년 전 얘기예요. 어때요? '나도 오늘부터 염불 좀 열심히 해야지' 하는 생각이 들지요?

우리가 기도를 한다는 것은 굉장히 놀라운 삶의 변화를 줄 수 있습니다. 인생을 살다보면 좋은 일이 생길 때도 있고, 나쁜 일이 생길 때도 있습니다. 좋은 일이 생길 때는 내가 잘났으니 이런 일이 생기지만 나쁜 일이 생길 때는 내가 왜 이렇게 힘들고 괴로운 일을 당해야 할까 하는 생각이 듭니다. 그럴 때 남을 원망하는 사람들이 있는데, 남을 원망하는 것이 세상에서 제일 찌질한 거예요. 매일 술을 마시고 남을 원망하는 마음이 쌓이고 쌓이다 보면 앞을 살아가는 희망찬 기운을 놓치게 됩니다. 여러분 주변을 좀 살펴보세요. 어떤 사람은 살아가는 모습이 편하게 보이고, 어떤 사람은 괴롭게 보이는데 이 모든 것은 그 사람이 지은 업보 때문입니다. 제가 〈소나무〉 프로그램을 통해서 자주 말씀드리는데, 부처님께서도 미남미녀로 태어난다는 것에 대해서 그것은 전생에 지은 선업이라고 했습니다. 전생에 화를 내지 않고 부처님께 절을 많이 하거나 부처님께 꽃 공양을 많이 올리면 이생에 아름다운 외모를 갖게 된다고 합니다. 하지만 아름다운 외모를 갖고 태어나도 다른 복이 적으면 일이 잘 안 풀린다고 해요. 반면 얼굴이 그리 빼어나지 않은 사람인데도 하는 일마다 승승장구하는 사람들이 있어요. 사람들이 가진 복이 이와 같이 다릅니다.

그러니 불교에서는 전생에 지은 안 좋은 업을 소멸하기 위해서 기도하고 염불하는 그 자리에 행복을 성취할 수 있는 강력한 선업이 생긴다고 합니다. 공덕이 생기고, 복이 생긴다고 합니다. 내 스스로 삶을 행복하게 성취하기 위해서 전생에 지은 업장을 소멸시키고 이번 생의 복을 위해서 신앙의 길을 걸으라고 우리 부처님께서는 설법을 하십니다. 기도를 하고 염불을 하는 공덕이 쌓이면 마지막 마무리인 내가 숨을 거둘 때 그 누구보다도 편안하게 떠날 수 있습니다. 그러니 살아있는 동안 걸음걸음마다 연꽃이 활짝 피어나기를 발원하시는 분들

공덕을 꽃 피우다

이라면 '노는 입에 염불한다'고 하잖아요. 집에 가실 때 뭐 먹자고 카톡만 두드리지 마시고, 걸음걸음마다 나무아미타불, 나무아미타불 하시고, 전철 타실 때 다들 휴대폰은 이제 조금만 보시고 염불의 공덕을 지어나가시면 금방 말씀드린 신비한 기적을 여러분들 삶에서 체험하시게 될 것입니다. 그러니 남는 시간, 시간마다 염불하고 기도하는 그런 불자로서의 아름다운 삶을 살아보시기를 제가 정성스럽고 지극한 마음으로 여러분들에게 건네 드리는 바입니다.

불교에서는 전생에 지은
안 좋은 업을 소멸하기 위해서
기도하고 염불하는 그 자리에
행복을 성취할 수 있는
강력한 선업이 생긴다고 합니다.
공덕이 생기고, 복이 생긴다고 합니다.
내 스스로 삶을 행복하게 성취하기 위해서 전
생에 지은 업장을 소멸시키고
이번 생의 복을 위해서 신앙의 길을 걸으라고
우리 부처님께서는 설법을 하십니다.

불교의 가르침에 의하면, 이 세상에는 수많은 기도 방법이
있지만 결국은 하나로 통한다고 합니다. 오직 하나로 통한다는
이 하나만 알면 무슨 기도를 하든지 효과는 똑같다고 합니다.
그럼 그 하나가 무엇인가 궁금하시죠?
바로 일심(一·心)이라고 합니다. 마음을 하나로 모으는 것,
이것이 모든 기도의 가장 중요한 핵심입니다.

4장

기도한 공덕은 어디로 사라지지 않는다

기도는
일심이 중요하다

우리 중생들이 살다보면 살아가는 과정에서 좋은 일이 생길 때도 있고, 나쁜 일이 생길 때도 있습니다. 그래서 우리 불교에서는 '과거에 지어 놓은 선업의 힘에 의해서 행복한 삶을 살아가게 되고 과거에 지었던 악업, 좋지 못했던 나쁜 에너지의 업에 의해서 불행하고 좋지 못한 결과를 맞이하게 된다'고 가르치고 있습니다.

그래서 불교에서는 행복한 삶을 살기 위해서는 무엇보다 복을 많이 지어야 되고, 선업을 지어야 되고, 그리고 가장 중요한 게 내가 지었던 과거의 악업을 소멸시켜야 된다고 가르치고 있습니다. 그렇기 때문에 불교에서는 자신이 전생에 지었던 혹은 과거에 지었던 몸으로 지은 악업, 입으로 지은 악업, 생각으로 지은 악업, 이 세 가지의 악업을 소멸하기 위해서 기도를 많이 시킵니다. 그런데 불교에는 굉장히 많은 기도법이 있습니다. 그래서 저도 불자님들에게 "불자님들 행복한 삶을 사시려면 기도를 많이 하세요. 기도를 하고 업장을 소멸해야 됩니다. 복을 많이 지으세요. 기도를 많이 하십시오"라고 말씀을 드리면 많은 불자님들이 "스님, 너무 기도법이 많아서 어떤 것을 해야 할지 모르겠습니다"라는 이야기를 자주 듣고는 합니다.

그런데 실제로 스님인 제 입장에서 봐도 불교에는 굉장히 많은 수행법이 있고, 그 수많은 수행법 중에서 기도 하나만 놓고 보아도 굉장히 많은 기도법이 있습니다. 그러니까 어느 불자님이 "스님, 어떤 스님은 염불을 많이 하라고 하는데, 염불도 나무아미타불 염불도 있고, 관세음보살 염불도 있고 지장보살 염불도 있고 석가모니불 염불도 있고 어떤 염불을 해야 합니까?"라고 질문을 하는 분도 계시고, "스님, 어떤 분이 주문을 많이 외우라고 하는데 신묘장구대다라니도 있고, 능엄주도 있고, 옴마니반메훔도 있고, 광명진언도 있고 어떤 것을 해야 더 좋습니까?"하시는 분들도 있고, "스님, 경전을 독송하면 너무 좋다는데 〈금강경〉을 읽을까요? 〈법화경〉을 읽을까요? 〈반야심경〉을 읽을까요? 어떤 경전을 읽을까요?" 그래서 "하

공덕을 꽃 피우다

고 싶은 것 하세요" 그러면 "하고 싶은 것이 너무나 많아서 어떤 기도를 해야 좋겠습니까?"라고 질문하는 불자님들이 굉장히 많습니다.

그런데 불교에서는 수많은 기도법이 있는 이유가 중생들의 성격이나 성향, 업보가 다 다르기 때문에 중생들의 수준에 맞춰서 가르쳐주다 보니 여러 가지 기도법이 나왔다고 합니다. 사람들의 성향에 맞춰서 약을 처방하듯이 중생들이 각자 가지고 있는 업의 그릇이 다르기 때문에 중생들마다 여러 가지 방법을 가르쳐주다 보니 지금처럼 굉장히 많은 기도법이나 수행법이 존재하게 된 것입니다.

그래서 우리 입장에서 보면 옛날에 2600년 전에 부처님이 살아계실 때에는 부처님께 찾아가 "부처님 저는 어떤 수행을 할까요?"라고 여쭈어 보면 부처님이 그 중생의 근기를 탁 꿰뚫어 본 뒤에 "너는 이런 수행을 하거라. 자네는 저런 수행을 하게"하면 그렇게 가르쳐 주신 대로 수행을 하면 되지만, 지금은 참 애매합니다. 그리고 무엇보다 스님들이 이렇게 가르쳐줘도 중생들 마음이 항상 그렇잖아요. 똑같이 짜장면을 먹어도 왠지 다른 사람 짜장면에 완두콩 하나가 더 들어간 것 같고, 떡볶이를 퍼줘도 저쪽에 오뎅이 하나 더 들어간 것 같고, 나는 이 기도 하고 있는데, 저 기도 하고 있는 사람을 보면 저게 더 괜찮아 보이고, 저 기도 하다가 또 이 기도 하는 사람 보면 이 기도가 더 괜찮아 보이고, 이렇게 우리 마음이 번뇌 망상으로 들끓고 있다는 것입니다.

　동감하시죠? 그런데 불교의 가르침에 의하면, 이 세상에는 수많은 기도 방법이 있지만 결국은 하나로 통한다고 합니다. 오직 하나로 통한다는 이 하나만 알면 무슨 기도를 하든지 효과는 똑같다고 합니다. 그럼 그 하나가 무엇인가 궁금하시죠? 가르쳐 드릴게요. 일심(一心)이라고 합니다. 마음을 하나로 모으는 것, 이것이 모든 기도의 가장 중요한 핵심입니다. 그러니까 아미타불을 부르든, 관세음보살을 부르든, 지장보살을 부르든 핵심은 어디에 있다? 그렇죠. 일심! 마음을 하나로 모으는 것입니다. 〈금강경〉을 읽든, 〈법화경〉을 읽든, 〈반야심경〉을 읽든 핵심은 어디에 있다? 그렇죠. 일심. 마음을 하나로 모으는 것입니다. 신묘장구다라니를 외우든, 능엄주를 외우든, 광명진언을 외우든 마음을 하나로 통일하는 것이 가장 중요하다고 부처님의 경전과 역대 큰스님께서 말씀하셨습니다. 그러니까 수많은 기도법을 자기가 직접 다 해보는 겁니다. 이것도 해보고, 저것도 해보다가 가장 집중이 잘되고 가장 편안한 것을 하나 딱 선택하셔서 꾸준히 하시면 결국 모든 기도의 궁극인 하나의 결과에 도달하게 될 것입니다.

남회근 거사의 일화

지금은 돌아가셨는데 대만에 남회근이라는 거사님이 계셨습니다. 남회근 거사님은 유교, 불교, 도교를 공부하고 불교 수행을 열심히 하던 굉장히 유명한 거사님입니다. 이 남회근 거사님의 책에 아주 재미있는 이야기가 있습니다. 이 남회근 거사가 과거에 친분이 있던 분이 중국에서 살다가 공산당을 피해서 홍콩으로 탈출을 합니다. 공산당들이 전국에 그를 체포하라고 명령을 내리게 되죠. 공산당의 눈을 피해서 탈출을 하는데 그 때 부인이랑 애들까지 온 식구가 도망을 나왔다고 합니다. 어느 날 그는 마을의 한 작은 여관에 숨어있었는데 저녁에 공산당들이 찾아와 수색을 하게 됩니다. 그 사람은 이제는 '꼼짝없이 죽는구나' 싶어서 다급해진 상황에 마음속으로 기도를 올립니다.

"하느님, 관세음보살님, 부처님, 염라대왕님, 토지신님!"하면서 자기가 알고 있는 신이라는 신은 모조리 부르며 도와달라고 빌었답니다. 그런데 이상하게도 평소에 그렇게 잘 울던 어린애도 울지 않고, 수색 나온 공산당도 그냥 가버렸다고 합니다. 그 후로 탈출하는 과정에서 위험에 처할 때마다 이런 식으로 간절하게 기도를 해서 결국 안전하게 홍콩까지 도망을 나왔다고 합니다. 이런 신비한 경험으로 그는 후에 불교에 귀의하고 불법을 배우게 됩니다. 그런데 한 가지 문제가 생겼다고 합니다. 과거에 공산당의 눈을 피해 탈출할 때에는 기도를 올리면 반드시 영험이 있었는데 지금은 도리어 아무리 기도를 해도 별로 영험이 없는 것 같다는 것입니다. 이게 무슨 이유인가를 남회근 거사에게 묻기에 남회근 거사가 이렇게 대답합니다.

"과거에 누구에게 쫓길 때에는 다급하여 기도할 때 마음이 간절하고 정성스러웠으나, 지금은 오히려 마음에 분별심이 많아졌기 때문입니다. 어떤 기도는 무슨 효과가 있고, 또 무슨 기도는 어떤 효과가 있는지 자꾸 분별심이 일어나 마음이 하나로 통일되지 못하니 오히려 효과는 줄어든 것입니다."

그렇습니다. 기도의 핵심은 일심입니다. 얼마나 간절한 마음으로, 마음을 하나로 모아서 온전히 순수한 마음으로 기도를 했는가. 마음을 간절하게 하나로 모으는 것이 모든 기도의 가장 중요한 요점입니다.

엉터리 다라니를 외우고
신통을 부리다

옛날에 어느 젊은 스님이 계셨는데 이 젊은 스님이 머리가 엄

공덕을 꽃 피우다

청 우둔했습니다. 이 스님은 아무리 경전 공부를 해도 아무것도 외우지를 못했습니다. 스승님이 "너는 전생에 업장이 두꺼워서 이렇게 머리가 둔한가 보다. 그러니 업장소멸부터 해야 한다."

　그래서 그 우둔한 스님에게 신묘장구대다라니를 가르쳐줍니다. 그 스님이 산속에서 10년 동안 오직 신묘장구대다라니만 외우다가 신통이 생겼습니다. 정신을 집중하고 신묘장구대다라니를 외우면 몸이 허공에 붕 뜨는 신통력을 얻게 됩니다. 공중부양이라고 하죠? 신도들이 이를 보고 난리가 났습니다. 스님이 다라니를 외우면 몸이 붕 뜨니까 그 절에 신도들이 구름같이 모이게 됩니다. 이 소문이 널리 퍼지다가 어떤 경전 공부를 많이 한 스님의 귀까지 들어가게 됩니다. 이 경전 공부를 많이 한 스님이 자신은 책으로만 공부하고 기도나 수행을 열심히 하지 못한 것에 대한 부끄러움이 있었나 봅니다.

　'아, 어느 곳에 다라니를 외우면 공중부양을 하는 놀라운 신통력을 갖춘 스님이 있다는데 내가 그 스님 밑에서 수행을 좀 해야겠다'하고 경전 공부만 열심히 하던 학승이 공중 부양을 하는 스님을 찾아갑니다. 학승이 이 스님한테 정중히 인사를 드리고 "스님, 소문을 듣고 왔습니다. 혹시 스님의 신통력을 한 번 보여주실 수 있겠습니까?"하니 "제가 원래 잘 안 보여주는데 스님이 멀리서 오셨으니 제가 한 번 보여드리겠습니다"했답니다.

그리고 마음을 모아 다라니를 외우니 몸이 공중에 붕 뜨는 것입니다. 찾아온 학승이 깜짝 놀라며 "우와, 책에서만 봤는데 정말 이런 경지가 있었군요. 제가 스님을 모시고 공부 좀 하겠습니다"하고는 공중 부양 스님과 함께 지내며 생활을 하게 되었습니다. 그런데 시간이 지날수록 학승이 무언가 이상한 점을 느낍니다. 뭐가 이상한가 살펴보니 그 신통력을 갖춘 스님이 신묘장구대다라니를 외울 때 중간에 엉터리로 외우는 것입니다. 하도 머리가 우둔하니까 잘못 외우고 있었던 것입니다. 그래서 학승이 공중 부양 스님을 불러서 말했습니다.

"스님, 제가 평생 경전만을 공부했는데, 지금 스님께서 신묘장구대다라니 중간을 틀리게 외우고 있습니다. 어떻게 된 것입니까?"하고 묻자, 질문을 받은 스님이 솔직하게 고백하기를 "내가 너무 머리가 우둔해서 스승님이 제대로 가르쳐주셨는데도 잘못 알고 엉터리로 외우는 것 같습니다. 스님께서 다시 제대로 된 신묘장구대다라니를 가르쳐 주십시오"하니 경전을 많이 배운 학승이 틀린 부분을 고쳐주면서 "엉터리로 외워도 이런 능력을 일으키는데, 하물며 제대로 신묘장구대다라니를 외운다면 얼마나 더 대단하겠습니까!" 학승의 지도를 받은 공중 부양 스님이 진심으로 고마워 하면서 말했습니다. "참으로 감사합니다. 이제부터는 제가 올바르게 기억하고 외우겠습니

공덕을 꽃 피우다

다"하고는 새로 고쳐준 다라니를 달달 외웠습니다.

그 뒤로 어느 날이었습니다. 신통력을 갖춘 공중 부양 스님이 마을에 내려가 탁발을 하기 위해 길을 나섰습니다. 그런데 마을에 가기 위해서는 반드시 큰 강을 건너야 했습니다. 하지만 공중 부양 스님은 놀라운 신통의 힘으로 강을 건널 때 배를 탈 필요가 없었습니다. 딱 그 자리에서 정신을 통일하여 신묘장구대다라니를 외우면 강 위를 둥실둥실 건널 수가 있던 것이죠. 스님은 평소와 같이 강 앞에서 마음을 집중하고 몸이 떠오르기를 상상하면서 신묘장구대다라니를 외웁니다. 그 때 몸이 붕 뜨더니 넘실넘실 물결이 일렁이는 강 위를 건너갑니다. 그런데 강 중간쯤에 갑자기 한 생각이 불현듯 떠올랐습니다.

'아, 내가 며칠 전에 올바른 신묘장구대다라니를 배워놓고서 또 버릇대로 옛날에 틀리게 외웠던 신묘장구대다라니를 외우고 있구나'하는 생각이 들어 즉시 마음으로 외우던 옛날의 틀린 다라니에서 이번에 새롭게 제대로 배운 신묘장구대다라니로 마음을 바꾸는 순간, 갑자기 물속에 풍덩 빠지고 맙니다. 허우적거리다가 가까스로 물에서 빠져나온 공중 부양 스님은 곧바로 자기에게 신묘장구대다라니를 고쳐서 가르쳐준 학승을 찾아갑니다.

"에라! 이 스님아, 당신이 새로 고쳐 가르쳐준 다라니를 읽다가 물에 빠져 죽을 뻔 했다."

"어? 이상하네요. 난 분명히 제대로 올바른 신묘장구대다라 니를 교정해서 가르쳐주었을 뿐입니다."

그런데 그 후로 이상한 현상이 일어납니다. 신통력을 가진 스님이 그동안 10년에 걸쳐 열심히 외우던 잘못된 신묘장구대 다라니를 외우면 몸이 공중에 붕 뜨는데, 희한하게도 오히려 제대로 된 올바른 신묘장구대다라니로 고쳐 외우면 뜨던 몸도 다시 떨어지고 아무런 신통도 나오지 않는 것입니다.

그래서 나온 말이 '다라니 염불 기도라는 것은 결국 그동안 내가 닦았던 수행의 과정에서 쌓인 내공이 중요한 것이지, 그 언어나 말이나 구절이 중요한 것이 아니다'는 것입니다. 무슨 말인지 동감하시겠습니까? 십 년 동안 닦아왔던 나만의 신묘 장구대다라니가 신통력을 발휘한 것이지 종이에 쓰여 있는 글 씨 자체에 의미가 담겨 있는 것이 아닙니다. 그렇기 때문에 이 믿는 마음, 그리고 이 마음에 하나로 통일된 간절한 마음이 엄 청난 기적과 같은 에너지를 일으킬 수 있었던 것입니다.

티베트 개 이빨의 방광

이와 비슷한 이야기가 있습니다. 오래 전 티베트에 아주 독실 한 믿음을 가진 여인이 살고 있었습니다. 그 여인은 아들이 있었는데 아들은 인도를 왕래하며 장사를 하는 상인이었습니다. 어느 날 인도로 장사를 떠나는 아들에게 어머니가 부탁을 했습니다.

"부처님의 나라인 인도에 가면 불교를 상징하는 어떤 것이라도 좋으니 하나 사오너라." 아들은 어머니 부탁에 그렇게 하겠다고 철석같이 약속해 놓고는 인도로 갑니다. 하지만 막상 도착해서는 장사하는데 정신이 뺏겨 모친과의 약속을 까맣게 잊고 맙니다. 아들은 티베트로 돌아와서야 어머니가 부탁한 선물을 사오지 못한 것을 알게 됩니다. 어머니께 사죄하며 다음에는 꼭 사오겠다고 약속을 합니다. 그런데 이 건망증 많은 아들은 그 다음 다시 인도에 가서도 어머니의 부탁을 몇 번이나 잊어버리고는 귀국을 하게 됩니다.

또다시 아들이 인도에 가서 장사를 하고는 고향으로 돌아오다가 어머니의 부탁을 또 잊고 있었음을 티베트 국경 입구에서 생각해냅니다. 너무나도 서운해 하실 어머니의 표정이 생각나자 아들은 곰곰이 고민하다가 마침 지나는 길에 죽어있는 개를 발견합니다. 아들은 개의 이빨을 뽑아 가지고 고향집으로 돌아오게 됩니다. 집에 도착한 아들은 개 이빨을 가지고 어머니께 "이것은 부처님 사리인데 참으로 귀한 것입니다. 어머니께 드리려고 간신히 구했습니다"라고 거짓말을 합니다.

이 어머니는 조금의 의심도 없이 개 이빨을 유리 상자에 넣어놓고 매일 지극정성으로 기도를 올렸습니다. 그렇게 몇 년의 세월이 지난 뒤에 어느 날, 아들이 부처님 사리라고 속여서 선물한 유리상자 안의 개 이빨에서 환한 광명이 뿜어져 나오는 방광(放光)의 기적이 일어나게 됩니다. 그 사건이 널리 퍼지면서 티베트에는 '믿음만 있으면 개 이빨도 방광을 한다'는 속 남이 전해 내려오게 되었다고 합니다.

멸치대가리와 방광

이와 비슷한 이야기가 일본에도 전해지고 있습니다. 옛날에 일본의 소가현(昭歌縣)이란 시골의 가난한 농가에 정자라는 이름을 가진 처녀가 있었습니다. 집안이 너무 어려워 궁핍하게 살던 정자의 어머니는 딸을 동경에 있는 큰 부잣집에 하녀로 보내게 됩니다. 사랑하는 자식을 멀리 다른 집 하녀로 보내야 했던 어머니는 정자에게 무언가 기념될 만한 선물이라도 챙겨 주고 싶었지만, 워낙에 살림이 가난하다 보니 도저히 선물할 여력이 없었습니다. 하지만 어머니는 불심이 지극해서 '나무 관세음보살'의 글자를 얇은 종이에 써서 조그만 주머니 속에 넣어서 그것을 옷깃 깊숙이 넣고 바늘로 꿰매며 딸에게 다음과 같이 말했습니다.

공덕을 꽃 피우다

"정자야, 너의 옷깃 속에는 관세음보살님이 계시니 그리 알고 밤낮으로 틈틈이 관세음보살을 생각하고 불러라. 그리하면 반드시 관세음보살님께서 너를 도와주시고 좋은 길로 이끌어 주실 것이다."

정자는 착하고 고지식한 성격이었습니다. 동경으로 가서 가정부로 일하며 어머니가 가르친 대로 마음을 모아 한결같이 '관세음보살'을 부릅니다. 그 부잣집에는 여러 명의 일하는 하녀들이 있었는데 신참인 정자에게 온갖 궂은 일만을 골라서 떠맡겼습니다. 그러나 본래 성격이 착했던 정자는 관세음보살만을 생각하며 불평불만 없이 열심히 맡은 일을 하였습니다. 그러기를 반년이 지나자 정자가 문득 이런 생각을 합니다.

'내 옷깃 속에 관세음보살님을 모셨는데 관세음보살님을 몸에 지닌 채 화장실에 드나드는 것은 불경스러운 일이다'라는 생각이 들자 다른 사람들 몰래 옷깃 속에서 관세음보살을 적어 놓은 주머니를 꺼내어 복도 마루기둥 갈라진 틈새에 살짝 끼워 놓았습니다. 그 후 정자는 밤마다 다른 하녀들이 잠자는 틈을 타서 살짝 일어나 기둥을 향하여 수십 번씩 절을 올리고 마음으로 간절하게 관세음보살 염불을 하다가 방으로 돌아와 잠에 들었습니다.

그러던 어느 날, 이 사실을 알게 된 같이 일하던 다른 하녀가 정자를 놀릴 속셈으로 다른 하녀들과 함께 짜고서 정자를 밖으로 심부름을 보내놓고는 관세음보살을 써놓은 그 주머니를 꺼내고 그 자리에 멸치대가리를 넣어놓습니다. 그리고 며칠 동안 하녀들이 숨죽이며, 밤마다 기둥에 바꿔놓은 멸치대가리에 절을 하는 정자를 몰래 지켜보면서 속으로 비웃었습니다. 그날도 여전히 정자가 그 기둥을 향하여 절을 하는 것을 본 하녀들이 결국은 폭소를 터뜨리며 정자 앞에 나타나 마구 놀려대는 것입니다.

"야! 이 멍청아, 거기에 무엇이 있다고 절을 하느냐. 아직도 관세음보살이 적힌 종이가 있는 줄 알고 거기다가 절을 하느냐. 우리들이 이미 며칠 전부터 그 주머니를 꺼내고 거기에 멸치대가리를 대신 집어넣었는데, 그것도 모르고 너는 절만 하는구나. 이 멍청아, 그만두고 방에 들어가서 잠이나 자거라."

그러나 정자는 오히려 그들에게 이렇게 말합니다. "너희들이 그런 못된 장난을 했구나. 그러나 이것을 알아야 한다. 너희들이 멸치대가리로 바꾸어 넣었거나 말거나 나는 관세음보살님이 내 앞에 계시다고 믿고서 정성스럽게 기도를 올렸을 뿐이다. 그러니 더 이상 참견 말고 너희들이야말로 어서 방으로 돌아가 잠이나 자거라"고 대답하고는 정자는 다시 평상심의 마음으로 돌아가 간절히 절을 올렸습니다. 그러자 기적이 펼쳐집니다. 갑자기 멸치대가리를 끼워 놓은 기둥 구멍에서 빛이 뿜어져 나오는 나오는 것입니다. 이 광경을 본 여러 하녀

공덕을 꽃 피우다

들은 자신들도 모르게 '나무관세음보살'을 부르며 멸치대가리
가 있는 기둥을 향해 절을 올립니다.

 이 사실이 주인에게 알려지게 되자, 불심이 강했던 주인 내
외는 정자를 기특하게 여기고 신기해하며 결국에는 며느리로
삼게 되었다고 합니다. 그래서 그 이후 일본에서는 '멸치대가
리도 신앙심이 진실하기만 하면 관세음보살로 화현(化現)한
다'라는 말이 유행하게 되었다고 합니다. 우리는 이와 같은 이
야기를 통해서 인간의 정신이 하나로 통일되고, 사람의 믿음
이 지극해지면, 기적과도 같은 놀라운 힘을 발휘한다는 것을
알 수가 있습니다.

 불교에는 이런 이야기가 있습니다. 실제로 내가 기도를 할
때 관세음보살님이 실제로 내 앞에 오신다는 개념을 떠나 '관
세음보살님을 지극하게 부르는 마음 그 자체가 관세음보살이
다'라는 것입니다. 관세음보살님이 정말 나를 도와주나, 안 도
와주나를 떠나서 내 마음이 정말 관세음보살님을 믿고 내 마
음이 관세음보살님과 똑같은 주파수가 맞추어졌을 때, 내 마
음에서 놀라운 기적이 일어나는 것입니다.

 여러분들도 살아가면서, 여러분들 삶에서 힘들고 괴로운 일
이 있을 때 지극한 마음으로 아미타불을 부르든, 관세음보살
을 부르든 지장보살을 부르든 일념으로 한 번 기도해 보시기
바랍니다. 그런데 많은 분들이 기도를 하다가 "스님 열심히 기

도를 한다고 했는데도 효과가 별로 없는 것 같아요"라는 이야기를 자주 듣게 됩니다. 그럴 때마다 제가 항상 하는 이야기가 있습니다. 첫 번째, 열심히 기도를 안 해서 그런 것일 수 있어요. 자기는 열심히 했다고 생각하지만 실제로는 열심히 안 한 것일 수 있어요. 기도를 할 때 내가 정말 간절하게 기도를 했는지 스스로 점검해보는 것입니다. 두 번째, 기도를 할 때 집착이 없어야 합니다. 이런저런 일이 이루어지게 해달라는 집착 자체가 사라져야 합니다. 왜냐하면 일심이라고 했죠. 마음이 하나로 통일되어야 하는데 '이루어지게 해주세요'라는 집착이 일심을 방해하는 망상이 됩니다.

그러니까 어떤 분들이 "스님 기도할 때 '소원이 이루어지게 해주세요'라는 말을 할까요, 말까요"라는 질문을 할 때가 있습니다. 옛적에 큰스님들께서 말씀하시기를 "기도할 때는 딱 기도만 하고, 기도가 다 끝나면 마지막에 '제가 이런 소원이 있습니다. 저의 소원이 이루어지게 해주세요'라고 발원을 하되 기도 중간에는 '된다, 안 된다'라는 마음도 다 비우라"고 가르치셨습니다.

그리고 무엇보다 가장 중요한 것이 세 번째 내용입니다. 우리가 살아오면서 얼마나 많은 업을 지어왔겠습니까. 수많은 삶 동안 내가 지었던, 수많은 악업들을 생각해본다면, 이 지구상에 있는 모든 바닷물을 모은 것보다도 더 많은 업보를 가지

공덕을 꽃 피우다

고 있다고 합니다. 그런데 내가 이번 생에 몇 번 기도를 했다고, 몇 번 절했다고, 몇 번 부처님의 이름을 불렀다고, 내가 지었던 업장이 다 소멸하기를 바라는 마음은 바로 도둑놈과 같은 마음이라는 것입니다.

그래서 어떤 분이 이런 말을 하더군요. 헬스장에 열심히 다니던 아가씨가 있었는데 그 아가씨가 트레이너에게 이렇게 질문을 했다고 합니다. "저기요. 가르쳐 준대로 열심히 운동을 하면 살이 빠진다고 했는데 벌써 삼 개월이 지났는데도 말씀하신 것처럼 살이 잘 안 빠지네요. 왜 그러죠?"

헬스트레이너가 가만히 있더니 "지금 몇 살이죠." "스물여섯 살이요." "스물여섯 해 동안 쌓아왔던 살을 삼개월 만에 없애겠다면 그게 도둑 같은 마음 아닙니까." 그렇습니다. 우리가 지금까지 지어왔던 그 수많은 업장이 기도 몇 번 했다고 사라지는 것이 아닙니다. 그래서 우리에게 필요한 믿음은 당장 기도가 효과가 있든 없든, '한 번이라도 기도하면 기도를 한 만큼 보이지 않는 공덕이 쌓인다'라는 믿음이 있어야 합니다. 그래서 제 주변에 기도를 열심히 하는 불자들을 보면 특이한 것을 목격하게 됩니다. 어떤 불자 분은 조금만 기도를 해도 효과를 빨리빨리 보는 분이 있습니다. 또 어떤 분은 미친 듯이 기도를 했는데 미치도록 안 이루어지는 분들도 있습니다. 그래서 '와, 저렇게 기도를 했는데 저렇게까지 안 되나' 싶을 때가 있습니다.

그래서 옛날부터 전해져 오는 이야기가 전생에 지어놓은 복이 많으면 이번 생에 조금만 기도해도 효과를 빨리 본다고 합니다. 그런데 전생에 지어 놓은 복이 없는 사람은 이번 생에 기도를 해도 효과를 쉽게 보기가 어려운 것입니다. "스님, 제가 이렇게 기도를 열심히 했는데도 제가 바라는 업장 소멸이나 제가 원하는 소원이 잘 안 이루어지는 것 같습니다"라는 분일수록 냉정하게 "아이고 내가 전생에 지어놓은 복이 없으니 이번 생에라도 더 열심히 정진해야겠다"라고 자신을 경책해야 합니다. 이것이 참 중요한 마음가짐입니다.

고봉스님의
생남 불공

오래 전에 고봉(1890-1961)이라는 큰스님이 계셨습니다. 이 고봉스님은 출가를 한 뒤에 오로지 벽만 보고 참선만 하셨다고 합니다. 그래서 목탁 치고, 요령 흔들고, 의식을 집전하는 방법을 전혀 몰랐다고 합니다. 오로지 마음 찾는 참선법만 닦으셨다고 합니다. 암자에서 홀로 수행하고 계실 때 하루는 어느 여인이 찾아왔습니다.

공덕을 꽃 피우다

"스님 제가 자식이 없습니다. 아들 하나만 낳게 불공을 좀 올려주십시오." 고봉스님은 불공 올리는 의식에 문외한이라 다른 절에 가서 불공을 올리라고 거절을 합니다. 그런데 여인이 거듭 사정을 합니다. "스님, 이 근처에 또 어느 절이 있다고 다른 곳으로 가라 하십니까. 그나마 제가 살고 있는 집에서 제일 가까운 절이 이곳입니다. 제가 불공에 올릴 공양물은 알아서 준비해 올 테니 스님께서 날을 잡아서 불공을 올려주세요." 여인의 간곡한 요청에 고봉스님은 날을 잡고 불공을 올리기로 약속을 했습니다.

약속한 날에 여인이 부처님께 올릴 공양물을 정성스럽게 준비해서 절에 도착하였습니다. 결국 불공을 올리기로 약속을 한 고봉스님은 '에잇, 모르겠다' 싶어서 그냥 자기 식대로 목탁을 치고 요령을 흔들며 의식을 집전했습니다. 그런데 문제는 고봉스님이 외워놓은 경전이 없었다는 것입니다. 하다못해 〈천수경〉이나 〈반야심경〉, 〈금강경〉이라도 외워놓았으면 독경이라도 할 텐데 출가하고 참선만 했는지라 도무지 암기해놓은 경전이 없는 것입니다.

그래서 생각난 것이 어렸을 때 서당에 다니면서 배웠던 〈대학〉이라는 책의 서문이 떠오르는 것입니다. 서당에서 학동으로 있었을 때 눈감고도 외우던 것이라 급한 김에 유교 경전 중의 〈대학〉 서문을 큰 소리로 읽어주었습니다. 부처님 앞에서 제대로 된 불공은 안 올리고, 엉터리로 목탁과 요령을 움직이며 유생들이 읽는 〈대학〉 서문을 읽고 있었지만 뒤에 있는 여인은 일자무식인지라 그것이 불경인지 아닌지도 모르고 그저 간절하게 소원을 빌었습니다.

결국은 어찌어찌해서 시간은 흘러가고 불공을 다 마친 고봉스님이 여인에게 말했습니다. "보살님, 오늘 불공 아주 잘 올렸습니다." 이 말을 들은 여인의 얼굴이 너무나도 환해보였다고 합니다. 그리고 몇 개월이 지난 후 그 여인네가 남편과 절에 함께 찾아옵니다. "스님, 그 날 기도 올리고 제가 아이를 갖게 되었습니다. 스님께 너무 감사해서 남편과 인사 올리려 왔습니다."

그 뒤에 이 소문을 듣고 찾아온 신도들을 위해서 고봉스님이 그냥 자기 식대로 불공을 올리고 축원을 해주면 희한하게도 그 신도들이 저마다 원하는 소원을 성취하게 되었고, 고봉스님이 기도를 해주면 소원이 잘 이루어진다는 소문이 퍼지자 사방에서 불공을 올려달라고 사람들이 몰려들게 됩니다. 결국 고봉스님은 '이 암자에서 조용히 참선 수행하기가 힘들겠구나'하는 생각이 들어 몰래 암자를 떠나 다른 곳으로 발길을 옮기셨다는 이야기가 전해오고 있습니다.

목탁도 어설프게 두드리고, 요령도 엉터리로 흔들고, 불경 대신 유가의 선비들이 읽는 〈대학〉 서문이나 겨우 읽어주며

공덕을 꽃 피우다

불공을 마쳤던 고봉스님의 기도에는 대체 어떤 비밀이 숨겨져 있던 것일까요? 바로 마음의 힘입니다. 결국 모든 기도는 하나로 통한다고 했습니다. 그 하나가 무엇이라고 했죠. 일심, 마음이 하나로 통일되는 것, 이것이 가장 중요하다고 말씀드렸습니다. 망상이 일어나든 말든, 번뇌가 일어나든 말든, 이런 생각조차도 놓아버리고 마음을 하나로 통일시키기 위해서 열심히 기도해 보시기를 바랍니다.

불교에는 이런 이야기가 있습니다.
실제로 내가 기도를 할 때 관세음보살님이
내 앞에 오신다는 개념을 떠나
'관세음보살님을 지극하게 부르는 마음
그 자체가 관세음보살이다'라는 것입니다.
관세음보살님이 정말 나를 도와주나,
안 도와주나를 떠나서 내 마음이 정말
관세음보살을 믿고 내 마음이 관세음보살님과
똑같은 주파수가 맞추어졌을 때,
내 마음에서 놀라운 기적이 일어나는 것입니다.

씨앗을 뿌리면
반드시 열매를 맺는다

절에는 기도를 열심히 하는 불자들이 많습니다. 스님들이 "기도를 많이 해야 한다. 그래야 업장이 소멸되고 좋은 일이 생긴다"는 말을 하셔서 처음 불교에 입문한 불자들은 기도를 많이 하시다가 당장 좋은 일이 안 생기고 그러면 기도도 안 하게 되고, 슬슬 회의감도 들면서 나중에는 점점 절을 멀리하게 됩니다.

　오늘은 이런 분들에게 도움이 될 만한 얘기를 드려볼까 합니다. 불교에서는 부처님께서 자기가 지은 업은 반드시 자기가 받는다고 하셨습니다. 그리고 지금 기도한 공덕은 지금 기도한 공덕만큼 언젠가는 자기가 다 받는다고 하셨습니다. 그

　　　　　　　　　　　　　　공덕을 꽃 피우다

런데 문제는 그 공덕을 언제 받는지는 오직 부처님만 아십니다. 지금 우리가 관세음보살 기도를 하고 몇 년, 몇 월, 며칠에 그 공덕을 받는다고 알면 흔들릴 사람이 있을까요? 없을까요? 많은 분들이 백일기도를 하면 백일기도가 끝나고 뭔가 좋은 일이 생겨야 하는데, 좋은 일보다 안 좋은 일이 생기는 경우도 있고, 자신이 절에 다니면서 봉사하고 보시공덕도 지었는데 아무런 효험도 느끼지 못하면 사람들은 기도를 올리던 중 믿음에 장애를 만나게 됩니다.

이처럼 절에는 그간 기도를 하다가 자기 스스로 회의를 느낀 분들의 얘기가 많았던 것 같습니다. 오늘 들려드릴 얘기는 부처님의 가르침과 기도는 과연 영험이 있는 것인가 스스로 후회의 마음을 일으킨 분들을 위한 얘기입니다.

시운 속죄

조선시대 묘향산에 상원암이라는 절이 있었다고 합니다. 그 상원암에 시운이라는 스님과 혜성이라는 동자승이 함께 살고 있었다고 합니다. 시운 스님이 혜성이라는 동자승을 애지중지하면서 공부를 가르치고 살았는데, 본래 혜성의 본명은 최치록이었고, 혜성은 법명이었다고 해요.

혜성스님은 어렸을 때 부모님을 다 여의었는데요. 혜성의 아버지는 시운 스님과 아주 친한 친구사이였다고 해요. 그 친구는 죽으면서 유언으로 시운 스님에게 "스님, 우리 아들을 부디 잘 키워주세요"하면서 아주 쓸쓸하게 돌아가셨다고 해요. 게다가 혜성은 어머니도 없던 터라 오직 시운 스님 밑에서 무럭무럭 잘 자라게 되는데, 항상 마음속으로 '우리 혜성이를 잘 키워 벼슬을 얻게 해서 최씨 가문을 일으켜야 한다'는 시명감을 갖고 있었다고 합니다.

시운 스님이 열심히 혜성이를 키우다가 이제 어엿한 스무살이 되었을 때 시운 스님은 간절히 천일기도에 들어갔다고 해요. "우리 혜성이가 부디 과거시험에서 장원급제를 할 수 있게 해주세요." 천일이면 몇 년이에요? 3년이잖아요. 3년 동안 지극 정성으로 기도를 올렸다고 해요. 천일 동안 한결 같은 마음으로 기도를 올린 시운 스님은 천일기도가 끝나자 혜성이를 불러서 "혜성아, 너도 이제 과거시험을 볼 때가 되었느니라. 가서 잘 보고 장원급제를 하도록 해라"하고 말하자 혜성이는 "아닙니다. 저는 아직 부족합니다. 조금만 더 스님 곁에서 공부를 하고 싶습니다." 하자, "아니다, 너도 어렸을 때부터 열심히 공부하지 않았느냐. 이제 때가 됐느니라. 나도 그동안 정성으로 천일기도도 올렸느니라. 어서 떠나거라." 그러자 혜성이가 "네, 알겠습니다. 그러면 과거시험을 잘 보고 꼭 장원급제

공덕을 꽃 피우다

를 해서 돌아오겠습니다"하고 길을 떠났다고 합니다.

묘향산 밑에 안주라는 큰 고을이 있었어요. 혜성이를 과거시험으로 떠나보내고 겨울을 나기 위해 시운 스님이 탁발을 해서 다시 묘향산으로 올라가야겠다 싶을 때 저만치에서 "스님, 스님, 배가 고파서 국밥 한 그릇 사먹게 좀 도와주세요"하더래요. 그 순간 혜성이가 생각나서 동전을 건네다가 얼굴을 보니 정말 혜성인 거예요. "혜성아, 아니 한양에 과거시험을 보러 간 아이가 이게 웬 꼴이냐" 했더니 "스님, 몰라요"하면서 울먹이면서 도망을 가더래요.

장터에서 혜성을 찾다가 결국 절로 돌아온 시운 스님이 다혈질이었나 봐요. 화가 참을 수 없이 나니 화 풀 데가 없자 괜히 부처님께 화가 난 거예요. 자신은 오로지 혜성이만 바라보며 부처님께 천일기도를 올렸는데 이게 뭐냐며 법당에 들어가서 부처님께 삿대질을 하니까 부처님은 그저 빙그레 웃고만 있더래요. "내가 이렇게 화가 나는데 당신은 웃고만 있습니까"하다가 그 화를 주체하지 못하고 부엌에 가서 식칼을 갖고와서 부처님 배에다가 칼을 푹 집어넣은 거예요. 절대 따라하면 안 돼요. 죽어서 지옥 가요. 그러니까 부처님께서도 말씀하세요. 중생의 번뇌는 탐냄, 분노, 어리석음 이것을 탐진치(貪瞋癡) 삼독(三毒)이라고 하는데, 그 중에서도 분노가 가장 무섭다고 말씀하세요. 왜냐하면 탐냄과 어리석음은 천천히 익어가지만 분노는 순간 일을 망치기 때문입니다.

그래도 화가 나도 이러면 돼요, 안 돼요? 안 되겠죠. 그 후 시운 스님은 3년 동안 정처없이 이곳저곳을 떠돌아다녀요. 그렇게 어렸을 때부터 애지중지 키우고 기도도 열심히 올렸는데 그렇게 아꼈던 아이가 거지가 된 것을 알면 여러분도 솔직히 화가 많이 났을 거예요. 만약 여러분 자식도 그렇게 됐다면 여러분 역시 절 근처는 돌아보지도 않았을 거예요.

3년이 지나니까 슬슬 화가 가라앉아요. 사람이 화가 가라앉으면 이젠 후회가 돼요. '내가 미쳤지, 내가 불제자인데, 내가 미쳤지, 내가 미쳤지, 내가 정말 미쳤구나' 싶어서 후회의 마음으로, 죄책감으로 상원암으로 돌아갑니다. 상원암 부처님은 잘 계시나 하고 갔더니 상원암에는 잡초만 그득한 거예요. 법당 문을 여니 아직도 부처님 배에는 식칼이 꽂혀있어요. "부처님, 부처님, 이 시운이가 왔습니다. 지옥에 떨어질 죄를 짓고 이제야 돌아왔습니다"하면서 식칼을 뽑는데, 뽑혀요, 안 뽑혀요? 안 뽑히더래요. 아무리 애를 써도 뽑히지 않더래요. 그래서 마당으로 나와서 뒤늦은 후회를 하며 옛 생각을 곱씹고 있는데, 저 산 밑에서 풍악 소리가 쿵짝쿵짝 들리더래요. 웬 절에 풍악 소리야 하는데, 밑에서 수십 명의 사람들이 가마를 들고 절로 올라오더래요. 젊은 관리 하나가 헐레벌떡 뛰어나오더니 "안주목사 행차시오" 하더래요. 잠깐 우스갯소리로 제가 예전에

공덕을 꽃 피우다

이 얘기를 하면서 안주목사라니까 보살님 한 분이 그때 교회가 있었냐고 하던데 고을을 다스리는 높은 관리아치를 목사라고 불렀어요. 그러니 안주목사는 안주 땅을 다스리는 큰 벼슬아치를 말합니다. 지금으로 치면 무슨 시장 정도 되겠죠.

시운 스님은 그래도 높은 벼슬아치가 오니 자리에서 일어나 맞이하기로 했대요. 순간 가마 문이 열리면서 "안주목사 최치록, 스님께 큰 절을 올립니다" 하더래요. 혜성이가 과거급제를 해서 시운 스님께 인사를 드리러 온 거예요. 순간 둘이 펑펑 울다가 시운 스님이 3년 전 그때 그 거지꼴은 뭐였냐 하니 혜성은 "그때 과거급제를 보러 한양에 들어가기도 전에 병에 걸리고 말았습니다. 그래서 다시 절로 가려고 했는데, 스님 생각이 나서 차마 올라가지도 못하고 건강을 추스르고 있던 차에 스님을 만나 너무 창피해서 도망을 간 것입니다. 그러다가 건강을 되찾고 과거 급제를 해서 스님을 다시 뵙니다"라고 말하며 스님께 잠시 법당에 들어가자고 청합니다.

그 후 딱 혜성이가 부처님 앞에서 삼배를 올린 후 부처님 배에서 칼을 뽑으니 쓱 하고 칼이 뽑히는 거예요. 스님이 "어떻게 된 거냐"하니 혜성이가 "실은 꿈에 내일 그대가 상원암에 올라가면 시운 스님이 와계실 것이고, 부처님의 배에서 칼을 뽑으면 뽑힐 것이다. 그러면 그 칼을 시운 스님에게 드리거라. 거기에 시운 속죄라고 적혀 있을 것이다"라고 했답니다.

시운스님은 그 자리에서 "부처님께 기도한 공덕은 언젠가는 받는다고 했는데, 그 중간에 일어난 마장, 업장을 이기지 못하고 부처님이 영험이 없다고 혼자 분노를 일으키고 정말 내가 지옥에 떨어질 죄를 지었도다"며 읊조렸다고 합니다.

결과적으로는 시운 스님의 천일기도가 이뤄진 거예요? 이뤄지지 않은 거예요? 이뤄진 것이죠. 중간의 그 마장으로 정신을 잃고 부처님의 믿음을 저버린 것이죠. 시운 스님이 뼈저리게 후회를 하면서 "혜성아, 네가 이렇게 큰 인물이 됐으니 나는 더 이상 이룰 게 없다. 남은 기간 동안 나는 내가 지은 죄를 참회하면서 살겠다"고 하십니다. 그 후 시운 스님은 혜성 그러니까 최치록의 도움으로 상원암을 다시 복원한 후 물 한 모금을 마시지 않는 단식기도에 들어갑니다. "내가 목숨을 다 바쳐도 이 죄를 어찌 다 갚으리오"하면서 지극한 마음으로 기도를 하여 21일이 되자 홀연히 식칼에 쓰여있던 시운속죄라는 글귀가 사라졌다고 합니다. 그러니 그 죄를 갚은 것이죠. 단식기도가 끝난 다음에도 시운 스님은 "내가 이렇게 무서운 죄를 지었는데 어찌 물을 마시겠느냐." 그렇게 하다가 30일 만에 그만 고요히 숨을 거뒀다고 합니다. 자신이 지은 죄를 자신의 목숨으로 대신했던 것이죠.

부처님이 말씀하셨습니다. 복이 많은 사람은 소원이 빨리 이뤄지는 사람이고, 복이 적은 사람은 소원이 늦게 이뤄진다

공덕을 꽃 피우다

고 합니다. 매일 절에 와서 말실수나 하고, 저런 분이 왜 절에 오나 하는 분들도 굉장히 잘 살고 잘 먹는 분들이 있어요. "스님, 저 분은 신도 같지도 않은 분이 왜 그렇게 일이 잘 풀릴까요" 하고 물으면 큰스님들이 "전생에 그만큼 복을 많이 지어서 그런 것이다" 하고 말씀하세요. 그러니 자신이 지은 복은 자신이 받는 것입니다. 지금 당장 안 풀릴수록, 지금 당장 살기가 힘들수록 전생에 자신이 복을 짓지 않은 것을 반성하며 복을 지어야 한다고 큰스님들이 말씀하십니다. 이번 생에 그 복을 받지 않아도 다음 생에라도 반드시 그 복을 받는다는 것을 기억하시길 바랍니다.

화주 시주
금일 상봉

옛날 강원도에 보개산에 심원사라는 절이 있었어요. 한국 불교에서도 보개산 심원사라고 하면 지장도량으로 유명한데요. 그 절에 묘선이라는 젊은 스님이 계셨대요. 묘선스님이 보니 심원사가 너무 오래돼서 퇴락한 거예요. 그래서 어떻게 하면 이 절을 크게 일으킬 수 있을까? 일단 부처님께 기도를 해보자 해서 백일기도를 지극 정성으로 올렸대요. "부처님, 이 절을 크게 일으키고 싶습니다"하고 백일기도를 딱 올리고 난 후 꿈에 부처님께서 나타나서 "묘선아, 너의 백일기도가 너무 간절하고 정성스러워서 너에게 지혜를 주고자 한다. 내일 아침 절 밖으로 나가라. 제일 먼저 너와 마주치는 사람이 이 심원사를 크게 일으킬 사람이다. 그 사람에게 이 절을 크게 일으켜 달라고 시주자가 되달라고 하거라." 묘선스님이 꿈이 범상치 않은 거예요. '내가 화주자가 되어서 시주자를 구하라는 뜻이구나' 했대요. 불사를 할 때 '불사를 하십시오'하는 사람을 화주라 하고, 이 화주에 '네, 알겠습니다'하고 보시하는 사람을 시주자라고 합니다.

묘선스님이 화주자가 돼서 그 다음날 절 밖으로 나갑니다. '누구를 만날까, 왕을 만날까, 암행어사를 만날까, 공주를 만날까? 누구를 만날까'하고 갔는데, 앞에 딱 하고 누군가 나타나서 보니 마을에 사는 노총각 머슴이었습니다. 묘선스님은 '저 머슴은 아닐 것이다'하고 현실을 부정하고 그 머슴을 지나치려 하는데, 부처님 말씀이 생각나서 노총각 머슴에게 꿈 얘기를 합니다. "어쨌거나 꿈에서 부처님께 들었기 때문에 내가 사실대로 얘기하는 것이오"하고 얘기를 하니 옛날 사람들이 얼마나 순수해요. 부처님이 자기를 지목해준 거잖아요. 머슴이 감동스러웠나 봐요. "스님, 제가 오십 평생 동안 장가도 못 갔는데, 제가 지금 장가를 가서 가정을 꾸민들 제가 얼마나 더

공덕을 꽃 피우다

살겠습니까? 제가 십여 세에 남의 집 머슴으로 40년 동안 모아둔 돈이 있습니다. 제가 그 돈을 시주하겠습니다."

묘선스님은 그 돈을 시주 받아서 심원사를 중창불사를 하게 됐어요. 그런데 그 일을 하는 동안 그 머슴이 그만 병에 걸려서 일어나지를 못하게 됩니다. 게다가 있는 돈을 다 시주해버려서 돈이 없으니 약 사먹을 돈도 없었대요. 집주인이 일도 못하는 사람 공짜 밥을 먹일 수 없다고 그 머슴을 절로 보냈답니다. 묘선스님은 너무나 고마운 은인이니까 절에서 간병을 하면서 지극정성으로 부처님께 기도를 했대요. 40년 동안 자기가 모은 돈을 보시했는데, 어서 빨리 병이 낫도록 기도를 했는데, 그 머슴이 얼마 지나지 않아 갑자기 죽어버렸대요.

마을에서 난리가 났어요. 순진한 머슴이 사기를 당하고, 화병으로 죽어버렸다고 소문이 난 거예요. 묘선스님이 부처님께 따져요. "부처님, 자기 업은 자기가 받는다고 했는데 어떻게 이런 일이 일어날 수 있습니까?"하고 화가 나서 물어도 부처님은 빙그레 웃기만 할 뿐이었습니다. 그러니 묘선스님이 너무 화가 나서 도끼를 갖고 와서 도끼로 부처님 이마를 찍어버립니다. 저도 지금 말을 하면서도 몸이 움찔하네요. 그렇게 해놓고 묘선스님은 절 밖으로 뛰쳐나옵니다. 좀 전에 말씀드린 시운 스님은 밖에서 며칠을 지냈죠? 3년이었죠. 우리 이 묘선스님은 절 밖에서 30년을 비승비속으로 떠돕니다. 그동안 심원사에 관한 이상한 소문이 떠돕니다. 천하장사들이 와서 도끼를 빼보려고 해도 빠지지 않는다는 거예요. 심원사에 저주가 내렸다고 소문이 나서 신도들도, 스님들도 다 발길을 끊어서 30년 동안 심원사가 폐사가 된 거예요.

30년이 지난 뒤에 묘선스님이 심원사에 대한 소식을 듣게 됩니다. '아니 30년 전에 내가 꽂은 도끼가 아직도 빠지지 않았다니!'하면서 놀라게 됩니다. 그러면서 '안 되겠다. 내가 한번 가봐야겠다'하면서 심원사에 다시 가보게 됩니다. 가보니 기왓장도 다 깨지고, 풀이 잔뜩 난 심원사에 부처님을 보니 보기가 끔찍할 정도였답니다. 묘선스님이 부처님 앞에서 엉엉 울면서 "부처님, 부처님 이걸 어떡하면 좋겠습니까"하고 도끼를 뽑으려 하니 뽑혀요? 안 뽑혀요? 안 뽑히죠. 아무리 뽑으려 해도 뽑히지 않는 거예요. 덩그러니 앞마당에 앉아있는데, 웬 젊은 양반이 나타나더래요. 그래서 "이곳을 어찌 오셨습니까?" 했더니 자신은 여기에 새로 부임한 사또라고 하더래요. "새로 부임한 사또께서 어찌 오셨습니까?" 했더니 "제가 어려서부터 불심이 지극한 집에서 자라서 심원사가 지장도량으로 아주 유명하다는 것은 익히 알고 있었습니다. 그런데 제가 이곳에 부임한 이후 심원사에 대한 이상한 소문을 듣게 되어서 제가 불심 있는 사람으로서 직접 확인하러 왔습니다."

그러자 묘선스님이 괜한 힘쓰지 마시라고 했지만 그 사또가

공덕을 꽃 피우다

부처님 이마에 꼽힌 도끼를 쑥 한 번 뽑아봤는데, 가볍게 뽑혀지는 거예요. 게다가 도끼에 '화주시주 금일상봉'이라고 쓰여 있는 거예요. 묘선스님이 번쩍 생각이 스치는 게 있어서 "사또, 결례가 아니면 나이를 여쭈어도 됩니까?"하자 "내 나이 올해 서른이오"라고 답하는 거예요. 거기에 생일은 그 머슴이 죽은 날이었던 거예요. 그 자리에서 묘선스님이 펑펑 울면서 부처님께서 자기가 지은 업은 자기가 받는다고 하셨는데, 30년 전에 있던 머슴과의 자초지종을 얘기합니다.

"그 머슴이 전생의 업장이 두터워서 이번 생에 안 좋은 병에 걸려서 죽었지만, 40년 동안 모았던 그 재산을 정성으로 보시한 공덕으로 다음 생에 지체 높은 집안에 태어났고 젊은 나이에 과거에 급제해 사또가 되어 제 앞에 나타났습니다." 그때 이 말을 듣고 있던 사또가 "여기에 오는 길이 처음 오는 길인데도 왜 눈에 익을까 했는데, 제가 전에 그 머슴이었다는 것을 저는 믿습니다"하면서 묘선스님의 손을 잡으며 "부처님께서 절 밖에서 처음 만난 그 사람이 이 심원사를 일으킬 것이라고 하시지 않았습니까. 제가 지금 이후로 이 심원사의 시주가 되어서 이 심원사를 일으키겠습니다"라고 합니다. 그 후 사또의 능력으로 심원사를 크게 일으켰고, 심원사의 묘선스님도 참회하는 마음으로 열심히 기도하고 열심히 법을 펼쳐서 심원사의 큰스님이 되셨다는 얘기가 지금까지도 전해지고 있습니다.

여러분, 지금 내가 선업을 짓고, 공덕을 짓는 게 어디로 흩어지고 없어지지 않습니다. 물론 지금 당장 그 공덕이 나타나면 얼마나 좋겠어요? 하지만 내가 전생에 지은 업, 지금 내가 지은 업, 내가 다음 생에 받을 공덕은 삼생을 통해서 끊임없이 돌고 돈다고 합니다. 과거 전생에 지은 선업은 선업대로, 악업은 악업대로 이번 생에 받거나 다음 생에 받는 것입니다.

그러니 여러분도 사시면서 내가 그동안 행복한 일이 더 많았는가, 불행한 일이 더 많았는가를 알아보려면 바라는 일이 쉽게 이루어졌는가, 더디게 이뤄졌는가를 스스로 점검해보시기 바랍니다. 전생에 복을 많이 지었다면 지금 내가 행복하고 바라는 일이 쉽게 이뤄지고, 그렇지 않으면 행복하지 않고 바라는 일도 더디게 이뤄집니다. 그러니 여러분의 삶이 답답하고 바라는 일이 잘 이뤄지지 않는다면 미래를 위한 선업의 저축을 해보시기 바랍니다. 반드시 여러분이 지은 공덕은 반드시 여러분이 받으시게 될 것입니다.

부처님께서도 말씀하세요.
중생의 번뇌는 탐냄, 분노, 어리석음
이것을 탐진치 삼독이라고 하는데,
그 중에서도 분노가 가장 무섭다고
말씀하세요. 왜냐하면 탐냄과 어리석음은
천천히 익어가지만 분노는
순간 일을 망치기 때문입니다.

선업의 힘으로
수명장수를 얻다

사람이 이 세상에 올 때 각자 자기한테 주어진 복이 있다고 합니다. 어떤 사람은 재복은 있는데 가족복이 없고, 가족복은 있는데 재복이 없기도 하죠. 그런 반면 어떤 분은 둘 다 있고, 또 어떤 분은 이 모든 게 없지만 건강복은 있는 분들이 있죠. 그런데 어르신들 얘기를 들으면 뭐니 뭐니 해도 건강복이 최고라 말씀하십니다.

공덕을 꽃 피우다

160살을 사신
바꿀라 스님의 공덕

부처님은 80세를 사셨다고 해요. 그리고 부처님 제자 중 아난 스님은 120세를 사셨다고 해요. 그런데 부처님 제자 중 바꿀라 스님은 160세를 사셨다고 합니다. 재미있는 것은 이 스님은 80세에 출가를 하셨다고 해요. 또 이 바꿀라 스님은 어마어마한 부잣집에서 태어나셨는데요, 80세까지 인간으로 누릴 수 있는 온갖 것을 다 누렸고 출가한 지 단 8일 만에 깨달아서 아라한과를 얻으셨다고 합니다. 그런데 더 놀라운 것은 이 바꿀라 스님은 160년 동안 단 한 번도 아파 본 적이 없다고 합니다. 그래서 바꿀라 스님을 일컬어 부처님 제자 중에서 건강제 일이라고 합니다.

도대체 전생에 어떤 선업을 지었기에 바꿀라 스님은 이와 같은 복을 받으신 것일까요? 바꿀라 스님이 머나먼 윤회의 삶을 살 때는 바꿀라 스님의 전생 역시 우리처럼 가난한 삶을 살았다고 합니다. 하루는 바꿀라 스님이 먼 전생에 재가자였을 때 '내가 이렇게 가난한 삶을 사는 것은 복이 없기 때문'이라고 생각했습니다. 그래서 아주 작은 복이지만, 복을 지을 때마다 "이 공덕으로 다음 생에는 항상 행복한 삶을 살 수 있게 해주세요"하고 기도하고 기도한 결과 그 다음 생에는 행복한 삶을 살게 되었다고 하는데요.

그러다가 전생에 지어놓았던 강력한 선업의 힘에 의해 바꿀라 스님은 아노마닷시라는 부처님을 만나게 됩니다. 아노마닷시 부처님은 석가모니 부처님으로부터 열일곱 번째 전 부처님이십니다. 바꿀라 스님이 아노마닷시 부처님께 귀의하고 수행 생활을 하던 중 아노마닷시 부처님께서 복통을 느끼게 됩니다. 그래서 바꿀라 스님이 부리나케 귀한 약을 구해다 정성껏 달여 드리죠. 그러자 아노마닷시 부처님께서 복통이 깨끗이 사라집니다.

'어떻게 부처님과 같은 분이 복통을 느끼실까?' 여러분께서 오해를 하실까봐 잠깐 부연 설명을 해드리면, 먼저 소승불교에서 해석하기로는 부처님 역시 깨달음을 얻기 전에는 선업을 짓기도 하고, 악업을 짓기도 하는데 악업이 강할 때는 부처님이 되신 뒤에도 이렇게 고통을 느끼는 것은 중생 때 지은 악업의 업보라고 얘기하기도 하고요. 대승불교에서는 부처님은 모든 수행을 완성하신 분이라고 하는데 이렇게 고통을 느꼈다고 하는 것은 일부러 중생들에게 인과응보를 강조하기 위한 것이라고 합니다.

"거룩하신 부처님께 올린 이 약의 공덕으로 태어나고, 죽고, 태어나고, 죽는 동안 세세생생 건강하게 해주십시오"하고 발원을 하게 됐다고 합니다. 더불어 바꿀라 스님은 부처님과 부

공덕을 꽃 피우다

처님의 제자를 만나면서 보시를 많이 올렸는데, 특히 약을 많이 올렸다고 합니다. 부처님의 제자들이 하루는 집단 발병을 한 적이 있다고 합니다. 그 때 약을 지어올리고 병이 낫는 모습을 보고 희열을 느꼈던 공덕의 힘으로 바꿀라 스님은 인간으로 태어날 때 엄청난 부자로 태어나죠. 여기서 가장 중요한 것은 내가 지은 복은 내가 받는다는 것입니다. 지금 아주 개차반으로 사는 사람이 있어도 잘 사는 사람이 있다면 그 사람은 전생에 보시를 많이 해서 그런 것입니다. 반대로 지금 굉장히 착하게 사는 분이 있어도 가난하다면 이런 분들은 전생에 복을 짓지 않은 분들입니다.

보시 공덕과 관련해서 한 말씀 더 드리자면, 한국사회는 외모 지상주의입니다. 이런 관점에서 봤을 때 불교에서는 화를 잘 내는 사람은 다음 생에 사람으로 태어나도 얼굴을 찡그린 과보로 못 생긴 사람으로 태어나지만, 부처님께 꽃 공양을 자주 올리면 미남미녀로 태어난다고 합니다. 관련해서 얘기가 있습니다. 선녀가 있었는데 그 선녀는 수많은 선녀 중에서도 가장 예쁜 선녀였다고 합니다. 그래서 어떻게 해서 그렇게 예쁘냐고 그 이유를 물었더니 자신은 전생에 꽃 공양을 많이 올렸다고 합니다. 하지만 이와 같이 꽃 공양을 올려도 시기질투를 하면 얼굴은 예뻐도 다른 복이 깎여버립니다.

간혹 저에게 "스님 저는 가족들과 화목하지 못합니다"라고 하시는 분들이 있습니다. 이런 분들은 전생에 바람을 많이 피워서 가정이 화목하지 못한 것입니다. 또 어떤 분들은 "저는 건강이 안 좋습니다"라고 하십니다. 그런 분들은 전생에 살생을 많이 한 까닭입니다. 이런 얘기를 하니 어떤 분은 "그 얘기다 제 얘기잖아요"하시는 분들이 있습니다. 그러면 그런 분들에게 제가 해드리는 말이 있습니다. "이번 생에 사람으로 태어나 불법을 만났으니, 그게 가장 큰 복입니다. 그러니 이번 생에 복을 많이 지으세요"하고 말씀드립니다. 그러니 복을 짓는 것이 가장 중요합니다.

수명이 늘어난 아이의 이야기

부처님 당시에 두 스님이 있었다고 합니다. 두 분의 스님이 열심히 수행을 하시다가 한 스님은 환속을 하시고 남은 한 분은 열심히 수행을 해서 모든 번뇌가 사라진 위대한 아라한이 되십니다. 환속을 하신 스님이 아들을 낳았습니다. 아들이 행복하게 살도록 옛날 자신과 함께 수행을 하던 스님에게 축원을 해달라고 그 아라한 스님을 찾아갑니다. 그래서 그 아라한 스님이 축복을 해주려고 아이를 보니 아이의 수명이 칠일밖에

공덕을 꽃 피우다

남지 않았다는 것을 알게 됩니다. 아라한 스님이 아이의 수명이 칠일밖에 남지 않았으니 어서 부처님을 찾아가라고 말합니다.

그때는 참 좋았어요. 답답하면 부처님을 찾아가면 되잖아요. 요즘은 부처님께 말을 걸면 빙그레 웃기만 하잖아요. 부처님께 찾아가서 "부처님, 제발 저희 아들을 살려주세요. 자비를 내려주세요"하고 간절히 청하니 부처님께서 "집에 가서 아이를 침대에 눕히고 천막을 쳐라. 그리고 매일매일 스님을 초대해서 스님의 독경소리가 끊이지 않게 하라"고 말씀하십니다.

그 아버지는 부처님께서 말씀하신대로 스님들께 부탁해서 칠일 동안 독경소리가 끊이지 않게 합니다. 이런 이야기가 있습니다. 부처님의 경전을 암송하거나 베끼면 그 주변에 광명이 나온다고 합니다. 부처님 얘길 해도 우리 눈에는 보이지 않지만 광명이 나온다고 합니다. 아무리 어리석은 중생일지라도 마음을 비우고 독경을 하면 광명이 쏟아져 나오는 것이죠. 스님들이 매일매일 독경을 하니 전생에 아이와 악연이 있어서 일주일 후에 아이를 잡아먹으려고 했던 악귀는 독경소리에 그 집에서 광명이 쏟아져 나와서 집밖으로 쫓겨나가고 맙니다.

그래서 그 악귀가 '스님들의 독경이 다 끝나는 칠일 후에 저 아이를 잡아먹어야지'하고 생각합니다. 그래서 집 밖 나무 밑에 몰래 숨어있었는데 아이의 수명이 다하는 마지막 날, 부처님께서 그 집에 가서 법문을 하시겠다고 합니다. 경전에 보면 이런 얘기가 나옵니다. 부처님께서 법문을 하시면 하늘세계 신들이 모두 다 내려와서 부처님의 법문을 듣는다고 합니다. 부처님께서 그 아이의 집에 와서 법문을 펼치니 하늘세계의 신들도 법문을 듣기 시작합니다. 그들은 몸에서 빛이 난다고 합니다. 눈부신 그 빛으로 귀신이 그 아이 집 밖 나무 밑에서 도 몇 킬로미터 더 밖으로 쫓겨나가게 됐다고 합니다. 그래서 그 귀신이 그 광명으로 집으로 들어가지 못하고 약속된 칠일 의 업보가 사라지고 그 아이는 그 날 이후로 운명이 바뀝니다. 그리고 부처님께서 아이에게 "아이여, 오래 살아라"하고 축원 을 하셨다고 합니다. 그 후 그 아이는 120살을 살게 되었다고 합니다. 그래서 그 아이의 이름이 아유(수명) 왓다나(증가) 꾸마 라(아이)가 되었다고 합니다. 그 후 아이는 120살을 살면서 부 처님의 제자로서 공덕을 쌓는 삶을 살았다고 합니다. 그러니 여러분도 살다가 혹시 점집 같은 곳을 갔는데 단명살이 있네, 수명이 짧네 하면 걱정하지 마시고 우리에게는 부처님이 있지 않습니까? 열심히 기도하면 여러분의 운명도 바뀔 것입니다.

공덕을 꽃 피우다

염불 공덕으로
단명 팔자가 바뀌다

대만에 정공스님이라고 아주 유명한 스님이 계십니다. 지금 정공스님께서 팔십 세가 넘으셨는데, 요즘에도 정공스님은 하루 네 시간씩 강의를 해도 멀쩡하시다고 합니다. 그래서 이 스님께 건강 비결을 많이 물어보는데 그때마다 정공스님은 자신의 젊었을 때 얘기를 하신다고 합니다.

실은 정공스님께서 출가 전 어머니께서 사주팔자에 보면 단명살이 있었다고 합니다. 스님의 아버지가 사냥을 좋아했다고 해요. 잠깐 낚시나 사냥에 대해 말씀 드리자면, 생존을 위해서는 그 업보가 적지만 취미로 살생을 하는 것은 그 악업이 크다고 합니다. 그러니 여러분도 취미로 낚시하는 것을 피해야 합니다. 또 어리석은 신도들은 바다에 가서 방생을 해놓고 횟집 가서 회를 먹는 분들도 계십니다.

어쨌든 이 정공스님 집안 내력은 사냥을 하는 업보가 강력해서 남자들이 마흔다섯 살을 넘지 못한다는 소리를 들었다고 합니다. 정공스님이 출가 전 아버지를 마흔다섯 살에 여의었고요, 전에 할아버지도 큰 할아버지도 마흔다섯 살에 돌아가셨대요. 이에 출가를 하시기 전 정공스님의 어머님께서 마음이 불편해서 용하다는 점쟁이가 있어 점 같은 걸 보셨다고 해요. 그

점쟁이가 이렇게 보더니 "스님은 엄청 지혜롭고 총명하신데요, 수명이 길지 못 합니다" 하셨대요. 그래서 "몇 살까지 살까요?" 했더니 "마흔다섯 살을 넘지 못할 겁니다" 이러셨대요.

아니라 다를까 정공스님은 대만 사찰에서 〈능엄경〉을 강의하던 중 큰 병에 걸리셨대요. '내 운명에 새겨져 있는 수명이 마흔다섯 살인가 보다. 죽기 전에 염불이나 하고 죽자'고 생각한 정공스님은 아는 분의 작은 처소로 가서 방 밖으로 나가지도 않고 밖에서 주는 죽 한 그릇을 드시면서 나무아미타불 염불만 했다고 합니다. 하루 종일 염불을 하면서 "제가 죽으면 아미타 부처님이 계신 극락 세상에 태어날 수 있도록 해주세요"라고 했대요. 그렇게 하다 보니 마음과 몸이 염불에 집중되는 염불삼매에 들었다고 합니다. 그런데 차차 몸이 너무 가볍고 좋아지더래요. 그래서 정공스님이 생각하기를 '죽기 직전에 남아있는 내 힘을 다 쓰나 보구나'하고 생각 했대요. 그런데 한 달이 지난 뒤에 몸이 너무 좋아져서 병원에 가보니 "스님 병이 다 사라졌습니다"라는 말을 의사가 하더래요. 정공스님은 그 병이 사라진 마흔다섯 살이 지난 후로 지금 구십 세가 다 되도록 병 한 번 걸리지 않고 사신다고 합니다.

우리가 그래요. 삿된 신을 모시는 분 중 일부러 사람이 점을 보러 가면 독한 얘기와 겁을 주면서 어마어마한 돈을 제시해서 간혹 어떤 분들은 사기를 당하기도 하는데요. 진정한 불제

공덕을 꽃 피우다

자라면 살다가 간혹 어려움이 닥친다 해도 내 마음 밖에서 구하지 말고, 부처님께 의지해서 염불하고, 기도하고, 복을 짓는다면 방금 말씀드린 정공스님처럼 여러분의 운명이 아름답게 바뀔 것입니다.

예전에 어느 거사님이 계신데 몸이 되게 건강했는데, 어느 날부터 몸에 통증이 느끼는 병에 걸려서 나중에는 찬바람이 조금만 스쳐도 몸이 아팠대요. 다행히 그 거사님 부인이 불제자였어요. 남편이 걱정됐던 그 보살님은 스님들께 자신의 남편 얘기를 했더니 아침부터 저녁까지 관세음보살을 부르면 전생의 업이 녹는다고 해서 그렇게 남편에게 전해줘요. 처음에는 부인의 말을 전혀 믿지 못했던 거사는 염불을 안 하다가 나중에는 '그래, 노는 입에 염불이라도 하자'는 생각이 들어서 관세음보살, 관세음보살 했대요. 그러다가 관세음보살을 하면 마음이 편해지는 것 같아서 계속 아침부터 저녁까지 관세음보살을 불렀다고 해요. 그렇게 몇 개월이 지났는데, 그래도 몸이 너무 아팠지만 그래도 나중에는 꿈에서도 관세음보살을 불렀다고 해요.

어느 날 꿈에 20대 자신이 보이더래요. 자신이 시골 마을에 살고 있을 때인데, 그 마을에는 복날에 개를 잡아먹는 나쁜 풍습이 있었대요. 게다가 몽둥이질을 해서 개고기를 먹는 나쁜 문화가 있었다고 해요. 그런데 그 몽둥이질을 사람들 앞에 나서길 좋아하는 자신이 꼭 도맡아서 했던 그 끔찍한 장면이 꿈에 보이더래요. 비몽사몽 꿈에서 깨어나자 왈칵 눈물이 나면서 자신이 왜 아픈지 알게 됐대요. 그 다음부터는 눈물을 쏟으며 참회의 관세음보살을 했고 그 후 그 거사님은 몸이 깨끗이 나았다는 얘기가 전해오고 있습니다.

여러분, 몸이 아픈 것은 이번 생에 관리를 못 해서 그런 것이고, 관리를 잘했는데도 몸이 아픈 것은 전생의 업보 때문이라고 합니다. 내가 지은 업보나 과거 생의 업보를 녹이기 위해서는 부처님께 의지해서 염불하고, 복을 짓는다면, 바꿀라 스님이나 대만의 정공 법사처럼 여러분들 삶에 소중한 연꽃을 피울 수 있을 것입니다.

공덕을 꽃 피우다

이번 생에 사람으로 태어나
불법을 만났으니,
그게 가장 큰 복입니다.
그러니 이번 생에
복을 많이 지으세요.

모든 능력 중에
복덕이 제일이다

제가 〈소나무〉 프로그램을 하는 동안에 격려의 전화와 편지를 여러 번 받았습니다. 많은 분들이 〈소나무〉 법문을 듣고, 의지가 많이 되었다는 그런 이야기를 들으면서 저도 굉장히 큰 힘이 났습니다. 며칠 전에 또 BTN 앞으로 경남 진주에 사시는 어느 불자분께서 편지를 보내오셨어요. 혹시 실례가 될까봐 실명은 밝히지 않고요. 편지 내용만 간단하게 읽어 드리겠습니다.

"스님, 안녕하세요. 저는 진주에 사는 아무개입니다. 〈소나무〉 방송을 시청하면서 인과법을 알게 되었고, 그로 인해 큰 도움이 되어 이렇게 편지를 씁니다. 스님께서 많은 시간과 노력으로 공부하신 것을 저는 방송을 통해 짧은 시간에 많은 것을 알게 되어서 정말 감사드려요. 〈소나무〉를 보며 스님께서 말씀하신대로 늘 긍정적이고 복 짓는 일을 찾다 보니, 봉사활동을 자주 가게 되더라고요. 또 후원금 마련을 위해 아르바이트도 열심히 하고 있습니다. 이런 일을 하면서도 타인을 위한 것이 나를 위한 삶이라 생각되니 더욱더 힘이 생겨요. 이런 생각을 하게 된 것도 광우스님 덕분이에요. 좋은 방송 감사드리며, 늘 건강하시고 BTN을 위해 애써주셔서 감사합니다."

이렇게 편지를 보내오셨습니다. 진주에 계시는 아무개 불자님, 격려의 편지를 보내주셔서 정말 고맙습니다. 이렇게 편지를 받으면 저도 굉장히 큰 힘이 됩니다. 주변에서도 〈소나무〉를 통해서 부처님의 좋은 가르침을 얻게 되고, 또 무엇보다도 인과응보법에 대해서 내 업은 내가 받는 것이고, 행복도 불행도 내가 지은 업의 결과라는 확신을 얻게 되어서 복과 선업을 부지런히 짓게 되었다는 그런 불자님들의 얘기를 들을 때마다 제가 스님으로서 큰 자부심을 느끼게 됩니다.

우리 불자님들께서도 어떻게 〈소나무〉 프로그램을 통해서 꾸준히 강의를 들으면서 '아, 나도 복과 선업과 공덕을 지어야겠다'는 이런 마음을 일으키셨습니까? 제가 〈소나무〉 프로그램을 처음 진행하게 될 때 제가 꼭 전달하고 싶은 메시지가 바로 '복을 짓자, 선업을 짓자, 공덕을 짓자, 행복도 불행도 내가 지은 업의 결과'라는 것, 이것 하나만큼은 확실하게 여러분께 전달하려고 노력했습니다.

그런데 다행히 제가 전달하고자 하는 그런 의미와 교훈들을 많은 불자님들의 가슴에 각인되는 것을 지켜보면서 '아, 그래도 내 노력이 크게 헛되지는 않았구나'라는 기쁨을 느끼고 있습니다. 불교는 지혜의 종교이자 깨달음의 종교입니다. 궁극적으로 깨달음을 얻는 것이 불교의 가장 중요한 목표가 될 수 있겠죠. 그런데 우리가 간과해서 안 될 게 있습니다. 깨달음도 복이 있어야 깨달음을 얻을 수 있답니다. 깨달음을 얻기 위해서는 수행을 해야 되지 않습니까? 복 없는 사람은 수행을 할 수가 없어요.

그러니까 여러분들이 바깥에서 머리를 기르고 회사생활을 한다든가, 사업을 한다든가, 장사를 한다든가, 여러분 각자 원하는 일들을 하나하나 밟아 나가실 때 복이 없으면 내가 바라던 일들을 쉽게 성취할 수가 없습니다. 하물며 우주에서 가장 위대한 깨달음을 얻고자 하는데 복이 없으면 깨달음을 얻는 것조차도 결코 가능하지 않다고 부처님께서 말씀하셨습니다. 그래서 부처님께서 이 세상에는 수많은 능력들이 있지만 그 모든 능력 중에서 가장 강한 것은 바로 복의 힘, 복력이라고 하셨습니다. 여러분들이 아무리 그림을 잘 그려도 거기에 뒷받침되어 줄 수 있는 복이 없으면 솔직히 화가로 성공하기 힘

공덕을 꽃 피우다

듭니다. 또 아무리 여러분들이 어렸을 때부터 글을 잘 쓰고 백일장에서 우수한 성적을 내었다 하더라도 그분들이 모두 유명한 작가가 되는 것은 아닙니다. 또 아무리 어렸을 때 학교에서 공부를 열심히 해도 혹은 공부를 아주 잘했어도 반드시 사회에서 성공하는 것은 아닙니다. 공부 잘하는 복이 있는가 하면 사회에서 성공할 수 있는 복은 또 따로 있다고 합니다. 그러니까 결국 복이 있어야 합니다. 여러분 노력은 배신하지 않는답니다. 하지만 복이 없으면 내가 쌓은 노력도 힘을 발휘하기 힘듭니다.

다섯 명의 왕자 이야기

부처님 당시에 부처님께서 제자들에게 다음과 같은 법문을 하셨습니다. 머나먼 과거에 대성왕이라는 국왕이 있었다고 합니다. 이 대성왕에게는 다섯 명의 왕자가 있었다고 합니다. 그런데 다섯 명의 왕자마다 아주 특별한 능력이 있었다고 합니다. 첫째 왕자는 아주 머리가 뛰어났다고 합니다. 그래서 총명제일이라고 불렸다고 합니다.

사람들이 총명왕자, 총명왕자라고 불렀다고 합니다. 머리가 아주 좋았대요. 그리고 두 번째 왕자는 기술이 제일이었다고 합니다. 그래서 기술제일이라고 불리었고, 기술왕자라고 불렸다고 합니다. 우리 주위에 보면 기술 좋은 사람들 있지 않습니까? 손재주 좋은 사람들, 세 번째 왕자는 외모가 엄청나게 뛰어났다고 합니다. 엄청나게 잘생겼대요. 너무나 얼굴이 잘생겨서 지나가는 사람들마다 왕자의 얼굴을 한 번 보면 입이 떡벌어져서 왕자의 뒷모습이 사라질 때까지 움직이지 않을 정도였다고 합니다. 엄청나게 잘생겼나 봐요. 그래서 외모제일 세번째 왕자를 외모왕자라고 불렸다고 합니다. 네 번째 왕자는 정진제일이라고 불리었다고 합니다. 정진이라는 것은 쉬지 않고, 멈추지 않고 자기의 의지를 끝까지 관철하는 것을 정진이라고 부릅니다. 그래서 절대로 포기하지 않고 쉬지 않는 이 정진에 있어서 가장 제일인 네 번째 왕자를 정진왕자라고 불렸다고 합니다. 다섯 번째 왕자는 할 줄 아는 게 아무것도 없었다고 합니다. 특별히 얼굴이 잘생긴 것도 아니고, 머리가 크게 좋은 것도 아니고, 손재주나 기술이 뛰어난 것도 아니고, 그렇다고 무슨 인내력이나 의지가 강한 것도 아니었다고 합니다. 그런데 희한하게 복이 많았다고 합니다. 그래서 사람들이 다섯 번째 왕자는 잘하는 게 하나도 없는데 어쩌면 어렸을 때부터 저렇게 하는 일마다 잘 풀릴까? 그래서 다섯 번째 왕자를 복덕왕자라고 불렸다고 합니다.

어쨌거나 다섯 명의 왕자들이 모여서 서로 누구 능력이 최

공덕을 꽃 피우다

고인지 토론을 벌이게 됩니다. 첫 번째 왕자가 "뭐니 뭐니 해도 머리가 최고다. 머리가 좋아야지"하자 두 번째 왕자가 "에이, 머리만 좋으면 뭐 하나. 나는 두 손만 있으면 이 세상에서 못 만드는 것이 없다. 그러니 기술이 최고지"하자 세 번째 왕자가 "에휴, 얼굴 안 되는 것들이 머리 쓰고 손 쓰고 하더라. 나는 밖에만 나가면 사람들이 다 좋아한다. 뭐니 뭐니 해도 잘생긴 게 최고다."이러면서 엄청나게 토론을 벌였나 봐요. 이 다섯 명의 왕자들이 서로 자신이 잘났다고 하자 "각자 나라 밖으로 가서 각자 자신의 능력으로 돈을 벌어오자. 가장 큰 돈을 벌어오는 사람이 가장 뛰어난 능력을 갖춘 것으로 하자"고 서로 이렇게 말을 모으게 됩니다.

그래서 첫째 왕자가 무슨 제일이라고 했죠? 총명제일이라고 했죠? 머리가 가장 좋은 총명제일 왕자가 다른 나라에 가게 됩니다. 다른 나라에 가서 내 머리를 어떻게 사용할까 주변을 봤더니 그 나라에 엄청나게 큰 부자 두 명이 있었다고 합니다. 이 큰 부자 두 명이 처음에는 서로 친하게 지내다가 중간에 사람들이 이 말 옮기고, 저 말 옮기고 말이 부풀려지면서 두 명의 큰 부자들이 서로 사이가 안 좋아졌다고 합니다.

그 두 사람을 보면서 총명제일 왕자는 '저 사람들을 내가 화해를 시켜서 보답을 크게 받으면 마땅히 내가 머리 좋은 것을 인정받지 않을까'하는 생각을 하게 됩니다. 어떻게 화해를 시킬까 고민을 하다가 먼저 자기가 백 가지의 아주 맛있는 음식과 진귀한 보물을 구한 뒤에 첫 번째 부자를 찾아갑니다. 그런 다음 이렇게 말합니다. "당신하고 싸운 저쪽에 있는 부자가 저를 보냈습니다. 그분께서 이렇게 전하라고 했습니다. 우리가 평소에 그렇게 친하게 지냈는데 사소한 오해와 중간의 이간질 때문에 사이가 멀어졌는데, 내가 맛있는 음식과 보물을 보내니 부디 우리 다시 친하게 지내자는 말을 전하라고 저를 보냈습니다. 부디 화를 푸시지요."

이렇게 총명왕자가 아주 부드러운 말로 첫 번째 찾아간 부자의 마음을 잘 어루만졌다고 합니다. 그러자 첫 번째 부자가 그동안 상했던 감정이 싹 풀리면서 "나도 사실 그 사람하고 이렇게 멀리 지내니 마음이 답답하고 기분이 좋지 못했다. 그래서 나도 다시 친해졌으면 했는데 자존심 때문에 내가 먼저 손을 내밀지 못했다. 그런데 저쪽 부자가 나에게 먼저 손을 내밀었으니 내가 바라던 바다. 내가 기분이 너무 좋구나." 이렇게 말하면서 그 첫 번째 왕자에게 편지와 맛있는 음식과 보물을 반대편 부자에게 보내줄 것을 부탁합니다.

그러니까 작전이 성공하고 있는 거죠? 그래서 총명제일 왕자는 두 번째 부자를 찾아가서 시치미를 딱 떼고 "저쪽에 있는 부자 분께서 다시 화해하고 싶다고 저에게 편지와 음식과 이렇게 귀한 보물을 보내왔습니다. 이 편지를 보시죠." 그러니까 저쪽에 있는 부자가 편지를 보니 또 속이 흐뭇해지는 거예요. "나도 자존심 때문에 손을 못 내밀었는데 저쪽에서 이렇게 먼저 편지를 보내고 화해를 신청하니 내가 바라던 바다. 내가 너무 기분이 좋다."

이 첫 번째 총명왕자가 지혜롭고 총명하게 중간역할을 잘 해서 나중에 그 두 명의 부자가 화해를 하고 큰 잔치를 벌이게 됩니다. 그 잔치에서 두 부자가 서로 친해지고 화기애애해졌을 때 자기네들이 이렇게 친해지게 된 것이 사실은 다 그 첫 번째 총명왕자의 지혜였다는 것을 깨닫게 됩니다. 그래서 이 두 명의 부자가 너무 고마워서 이 총명왕자에게 황금 백 냥을 하사하게 됩니다. 황금 백 냥을 딱 받으니까 이 총명왕자가 자기 머리 덕분에 이 황금 백 냥을 얻어오지 않습니까? 총명왕자가 황금 백 냥을 가지고 자기의 고향으로 돌아온 뒤에 나머지 네 명의 왕자들 앞에서 자랑을 늘어놓습니다.

이제 두 번째 왕자가 자기의 실력을 보여주기 위해서 두 명의 아이들을 데리고 다른 나라로 건너가게 됩니다. 두 명의 아이들이 그렇게 춤을 잘 추고 노래를 잘 불렀대요. 지금으로 치면 아이돌 스타죠. 그래서 춤을 추고 노래도 부르면서 온갖 기묘한 서커스를 펼치니까 그 나라에 있는 사람들이 모두 모여서 구경을 했답니다. 그 소식이 그 나라 왕까지 귀에 들어가게 됩니다. "왕이시여, 어떤 젊은이가 두 명의 아이들을 데려왔는데 그렇게 춤도 잘 추고 노래도 잘 부르고 온갖 묘기를 아주 잘 부립니다. 한 번 직접 궁전으로 데려와서 구경을 좀 해보시죠"하고 청합니다. 그러자 왕이 둘째 기술왕자와 아이들을 궁으로 부릅니다. 둘째 기술왕자가 두 명의 아이들이 왕과 왕비 앞에서 춤도 추고 노래도 부고 온갖 서커스를 보여주죠.

그걸 왕과 왕비가 '어쩌면 아이들이 귀엽고 재주가 이리 많을까?'하며 흐뭇하게 바라보고 있는데 그 두 명의 아이 중에 한 아이가 순간 미쳤나 봐요. 왕 앞에서 왕비를 바라보면서 윙크를 찡긋찡긋하면서 교태를 부리는 거예요. 그러니까 왕비가 그걸 보더니 "아이고, 좋아라"하고 웃더랍니다. 남자도 질투를 하면 무섭답니다. 왕이 옆에서 이를 보고 질투가 확 올라오는 거예요. "아니, 아무리 내 왕비가 예뻐도 그렇지 어찌 남편이고 왕이 앞에 있는데 저 아래 것이 왕 앞에서 왕비에게 저렇게 윙크를 하면서 유혹을 한단 말인가" 이 왕이 분노를 못 참고 "저 아이를 사형시켜라" 이러는 거예요.

그러니까 이 둘째 기술왕자가 왕의 다리에 매달리면서 "저의 하나밖에 없는 아들입니다. 우리 아들을 제발 살려주십쇼, 살려주십쇼"하는 거예요. 왕이 "내가 어떻게 저런 무례한 놈을 살릴 수 있겠냐. 용서하지 못한다" 이러니 기술왕자가 부탁을 합니다. "정 죽이시려거든 왕께서 직접 죽이십시오. 그렇게 하시겠습니까?"하니까 왕이 더 화가 나서 "내가 못할 줄 아느

공덕을 꽃 피우다

냐!"하면서 왕이 칼을 빼어 듭니다.

그러면서 그 윙크를 했던 아이의 목을 베어버립니다. 딱 베어버리는데 왕이 그 자리에서 깜짝 놀라요. 피가 안 나는 거예요. 이게 웬일인가 하고 봤더니 사람이 아니라 나무로 만든 목각인형이었어요. 깜짝 놀라서 "이게 어떻게 된 거냐"하고 물었더니 이 기술왕자가 그때서야 씩 웃으면서 "사실 이 두 아이는 제가 만든 기계인형입니다. 저는 저 옆 나라의 둘째 왕자인데 어렸을 때부터 기술제일이라 불리었습니다. 제 기술이 어떻습니까?" 하더랍니다. 지금으로 치면 완전 로봇이잖아요. 왕이 깜짝 놀라서 "어쩌면 이렇게 사람하고 똑같을 수가 있느냐. 나는 조금도 의심하지 못했다"하면서 너무나 그 놀란 기술에 찬탄을 하며 황금 백 냥을 주었다고 합니다. 그 황금 백 냥을 들고 이제 기술왕자도 고향으로 돌아와서 "봐라. 내 손으로 이렇게 황금 백 냥을 받아오지 않았냐. 그러니 내 기술이야말로 가장 으뜸이다" 이렇게 다른 왕자들 앞에서 자랑을 했다고 합니다. 이제 세 번째 왕자는 무슨 제일이라고 했죠? 네, 외모제일입니다.

이 외모제일 세 번째 왕자도 다른 나라로 길을 떠납니다. 그런데 그 나라에 도착하자마자 난리가 납니다. 그 나라 사람들이 어디서 왔는지 신선같이 선녀보다 더 예쁘게 생긴 남자가 걸어 다닌다고 입소문이 쫙 퍼집니다. 그러니 그 나라의 왕족과 귀족들마다 서로 식사를 하고 싶어서 초대를 하고 그 나라에 있는 아가씨들은 그 세 번째 왕자에게 한 번이라도 말을 붙이고 싶어서 선물도 주고 귀한 보물도 주고 이런 식으로 엄청나게 인기를 끌게 됩니다. 그래서 그렇게 며칠 동안 선물로 받은 것이 바야흐로 황금 몇 백 냥이 되었다고 합니다.

세 번째 왕자가 이와 같이 다른 나라에서 엄청나게 아름다운 외모로 수많은 선물과 황금 수백 냥을 가지고 고향으로 돌아오게 됩니다. 이제 왕자들한테 "이것 봐라. 난 입 벙긋 안 하고, 손 한 번 안 썼는데 동네 한 바퀴 도는 것만으로도 이렇게 많은 황금을 얻어오지 않느냐. 잘생긴 것이야 말로 가장 으뜸이지 않겠느냐" 이렇게 자랑을 했다고 합니다.

이제 네 번째 정진왕자가 다른 나라로 갑니다. 정진은 뚝심을 가리키는 거죠. 자기가 한 번 목표를 세운 것을 끝까지 밀고 가는 것을 정진이라고 합니다. 이 정진왕자가 다른 나라에서 나는 어떤 모습을 보여줘서 이 정진이야말로 가장 으뜸인 것을 증명할 것인가 고민을 하면서 강가를 지나가고 있었다고 합니다.

그 강가에 폭포처럼 물이 확 쏟아지는 격류가 있었는데, 거기에 세상에서 아주 귀한 큰 향나무가 떠내려 오고 있더랍니다. 사람들이 그 향나무를 보면서 "아이고 저 아까운 것, 아이고 저 아까운 것" 하더랍니다. 왜냐하면 옛날 인도에서는 향을

공덕을 꽃 피우다

굉장히 중요하게 여겼거든요. 그래서 좋은 향을 제조할 수 있는 향나무를 아주 으뜸가는 보물로 여겼습니다.

사람들이 아까운 것, 아까운 것 하면서 발을 동동거리면서도 그 폭포에 휘말릴까봐 무서워서 사람들이 그 격류에 들어가지 못했을 때 누가 들어갔을까요? 그렇죠, 네 번째 정진왕자가 그 안에 뛰어듭니다. 그리고 놀라운 정신력과 뚝심으로 그 폭포수 떨어지는 물을 다 맞아가면서 그 나무를 가지고 땅으로 나오게 됩니다.

사람들이 박수를 치면서 "저 체력도 체력이지만, 저 정신력이 정말 대단하구나"하면서 다들 칭찬했습니다. 그런데 우연치고는 신기하게 그 나라 왕이 향을 굉장히 좋아했답니다. 그 왕이 마침 구하고 싶어 하는 향의 향나무를 그 정진왕자가 물속에서 가져온 겁니다. 그래서 왕이 그 소식을 듣고 정진왕자를 불러서 "내가 어렸을 때부터 향을 좋아해서 온갖 향을 다 구비했지만 당신이 물에서 갖고 나온 그 향나무가 너무 귀해서 내가 지금까지 소유를 하지 못했다. 내가 부르는 대로 값을 쳐줄 테니 그 향나무를 나에게 팔아다오." 그러자 정진왕자가 황금 수백 냥을 받고 그 향나무를 왕에게 팔고 고향으로 돌아오게 됩니다. 이러하니 이 정진제일 왕자가 "봐라, 나의 뚝심과 나의 정신력으로 이와 같이 황금 수백 냥을 가져오지 않았느냐. 그러니 정진이 가장 으뜸이다"하면서 왕자들에게 자랑을 했다고 합니다.

이제 마지막 남은 왕자가 누구죠? 예, 복덕제일이라고 불린 마지막 다섯 번째 왕자죠. 이 왕자는 자기도 뭘 보여줘야 하는데 할 줄 아는 게 없는 거예요. 정말 할 줄 아는 게 하나도 없었어요. 머리도 별로 좋은 것 같지도 않고, 말도 잘 못하고, 손재주도 없고, 거기에 약간 게을러서 정진과 같은 것은 거리가 멀고 어쨌거나 보여주긴 보여줘야 하니까 '에라, 모르겠다. 될 대로 되겠지'하고 다른 나라에 가게 됩니다.

'나는 무엇을 보여줘야 하나, 무엇을 보여줘야 하나' 고민을 하다가 인도는 날씨가 덥지 않습니까? 그래서 시원한 나무 밑에서 낮잠을 잤다고 합니다. 가만히 누워서 낮잠을 자고 있는데 하필이면 그 나라에 안 좋은 사건이 터지게 됩니다. 갑자기 왕이 죽어버린 거예요. 굉장히 큰 나라였는데, 아주 강력한 힘을 가진 나라인데 그 나라의 국왕이 갑자기 죽어버리니까 신하들이 발을 동동거립니다. 신하들이 '지금 후계자도 없는 상황에서 국왕이 갑자기 죽었는데 우리 같이 강력한 힘을 가진 나라의 왕을 함부로 세웠다가는 엄청나게 큰 문제가 발생할 수도 있다. 우리 신하들이 지혜를 모아서 훌륭하신 분을 왕으로 모시자'하고는 전국으로 새로운 왕을 구하기 위해서 길을 떠나게 됩니다.

신하들이 전국 방방곡곡을 돌아다니며 '훌륭한 왕이 누가 있을 것인가? 왕 노릇을 잘할만한 훌륭한 분이 어디에 있을 것인가'하며 사람들을 찾아다니는데 다들 눈들이 높아서 웬만한 사람들을 만나도 눈에 차지를 않는 거예요. '저 사람은 뭐가 뛰어난데, 왕이 되기에는 뭐가 부족하다. 저 사람은 뭐가 괜찮은데 왕이 되기에는 뭐가 부족하다' 이런 식으로 시간이 흐르고 있었을 때 어느 신하가 아주 더운 날에 길을 걷고 있다가 너무나 목이 마르고 힘이 드니까 '나도 어디 시원한 나무그늘 아래에서 좀 쉬어야 되겠다'는 마음을 일으키게 됩니다. 어디서 쉴까 하다가 저쪽 아름드리나무에 그늘이 시원해 보이는 곳을 발견합니다.

그래서 거기에 갔더니 웬 젊은이가 누워서 잠을 자고 있는 거예요. '아이고, 거기 시원한 데서 자리를 잘 잡고 잠을 자네. 나도 옆에서 좀 쉬어야 되겠다'하고 가다가 발을 멈칫합니다. 뭔가 이상한 거예요. 저 사람이 나무그늘 밑에서 잠을 자고 있는데, 뭐가 자꾸 이상해요. '뭐가 이상하지? 뭐가 이상하지?' 하고 보다가 신하가 그 자리에서 깜짝 놀랍니다.

무엇인고 하니, 보통 나무의 그늘은 해가 움직이면서 바뀌지 않습니까? 그렇죠? 그런데 그 나무그늘은 바뀌지를 않고 그 젊은이 위에 그대로 있는 거예요. 그걸 보는 순간 "세상에 정말 복이 많은 사람은 나무 밑에서 잠을 자도 그늘이 안 바뀐다는 얘기를 들었는데 진짜 그런 사람이 있구나"하는 생각이 들더랍니다. 여러분, 인도에는 그런 속담이 있답니다. 우리가 보통 나무 밑에 잠을 자다보면 해에 따라서 그늘이 바뀌어서 몸이 다 타버리잖아요. 그런 사람은 복이 없는 사람들이에요. 여러분, 내가 복이 많은가 적은가 알고 싶으면 어떡하면 돼요? 그렇죠. 나무 밑에서 한 번 잠을 자보세요. (웃음)

그 사람이 깜짝 놀래서 다른 신하들한테 "내가 복 많은 사람을 만났는데, 그 사람에게는 나무 그늘이 옮기지를 않네. 이렇게 복이 많은 사람을 왕으로 모시면 그 밑에 있는 사람들은 얼마나 행복하게 살 수 있겠는가"하며 그 사람을 왕으로 모시자고 했답니다. 그러니까 복이 많은 사람이 지도자가 되면 그에 따라서 국민들도 편안하게 살 수 있지만 복이 없는 사람이 지도자가 되면 그 밑에 있는 사람들도 고생한다는 그런 이야기가 있죠.

자, 그래서 신하들이 다섯 번째 복이 많은 복덕제일 왕자를 모셔다가 왕으로 옹립을 하게 됩니다. 왕으로 옹립을 한 뒤에 이 다섯 번째 왕자가 할 줄 아는 게 없잖아요. 그냥 복이 많은 것 때문에 일단 얼떨결에 왕이 됐는데, 복이 많으면 밑에 사람도 잘 모이는 법이죠. 복이 많으니까 밑에 있는 신하들마다 다 똑똑하고 총명하고 반듯한 사람들이 있는 거예요.

그러니까 가끔 사업하시는 분들 중에 저는 정말 열심히 일하고 싶은데, 밑에 있는 직원들이 잘 도와주지 않는다는 분들

공덕을 꽃 피우다

이 있는데, 이런 분들은 자기가 복이 없는 겁니다. 무슨 말인지 알겠죠? 정말 복이 많으면 밑에 있는 사람들도 잘 모인다고 합니다. 그래서 이 다섯 번째 왕자가 왕이 되고 밑에 훌륭한 인재들도 많이 모여서 그 나라가 태평하고 백성들도 풍족하게 살았다고 합니다.

그리고 나머지 첫째에서 넷째까지 왕자들이었던 자기 형제들을 다 불러서 각자 능력과 재주에 맞게 벼슬을 내렸다고 해요. 그러니 사람의 능력 중에 뭐가 최고구나 했겠어요? 복덕이 최고라는 것을 이 다섯 왕자가 서로 인정했다는 재미난 이야기가 불경에 나오고 있습니다. 결국 부처님께서 말씀하시고자 했던 이 이야기의 교훈은 뭘까요? 뭐니 뭐니 해도 복이 최고라는 거예요. 그래서 부처님을 세상에서 가장 복이 많은 분이라고 합니다. 왜 그럴까요? 복이 많아야 중생들을 제도할 수가 있거든요. 내가 복이 없으면 중생을 제도할 수 없답니다.

그러면 그 복은 결국 누가 짓는 걸까요? 그렇죠. 자기 자신이 짓는 거죠. 내가 짓는 겁니다. 여러분들도 살아가시면서 안 좋은 일이 생길 때마다 남 탓하지 마시고, '아이고 내가 전생에 지어놓은 복이 없으니까 이렇게 고생하는 구나'라고 스스로의 마음을 돌리시고 지금부터라도 열심히 복과 선업과 공덕을 지어 보시길 바랍니다.

그러니까 이런 이야기를 듣고 한 귀로만 흘릴 게 아니라 내가 지은 업은 반드시 내가 받는다는 확고한 믿음을 가지시고 여러분들도 한 번 부지런히 복을 지어보시기 바랍니다. 그 복은 반드시 내가 받습니다. 이번 생에 못 받으면 다음 생에라도 반드시 받는다는 확신을 가져보시기 바랍니다.

동전을 쥐고
태어난 금재

부처님 당시에 어떤 큰 부자가 살고 있었습니다. 이 부자가 결혼을 해서 아들을 하나 낳았어요. 그런데 아들이 태어나자마자 한쪽 주먹을 쥐고 태어났는데 며칠이 지나도 그 주먹을 풀지 않더랍니다.

　여러분, 아이를 낳았는데 아이가 며칠 동안 주먹을 안 펴면 걱정되죠? 그래서 그 아이 부모가 '손에 무슨 문제가 생겼나? 손이 굳어버렸나?'하는 생각이 들어서 손을 펴봤더니 글쎄 손에 동전 두 닢이 있더랍니다. 얘가 태어날 때 동전 두 닢을 가지고 태어난 거예요. 에구머니나, 별 일이 다 있다 싶어서 일단 동전 두 닢을 갖고 왔는데 얼마 시간이 지나고 가봤더니 얘가 또 주먹을 쥐고 있는 거예요. 그래서 또 펴봤더니 뭐가 있어요? 동전 두 닢이 있는 거예요.

　　　　　　　　　　　　　　공덕을 꽃 피우다

그러니까 부모도 기가 막히죠. 그래서 유모를 불러서 "유모가 동전 두 개를 줬냐"고 물으니 "아니라고 내가 왜 주냐"고 했더랍니다. 희한한 일이 다 있다 싶어서 다시 동전 두 닢을 뺏었대요. 그런 후 다시 와보니 주먹을 쥐고 있어요. 그래서 또 펴봤더니 뭐가 있어요? 동전 두 닢이 있는 거예요.

그 엄마가 이렇게 살펴봐도, 저렇게 살펴봐도 왜 동전이 자꾸 아이 손에 생기는지 알 수 없었대요. 아이 손에 동전 두 닢이 생기고, 또 생기고 또 생기니까 몇 년 후에는 그 동전을 창고에 차곡차곡 모았대요. 모으고 모으다 보니 몇 년 뒤에는 동전 두 닢이 티끌 모아 태산이라고 원래 부자였던 집이 더 큰 부자가 됐답니다. 그래서 별명을 황금 금(金)자에 재물 재(財)자를 써서 금재라고 지었다고 합니다.

그런데 이 금재가 불심이 깊었나 봐요. 장성하여 부모님께 "부모님, 저는 머리를 깎고 출가를 하겠습니다. 허락해 주세요"하자 이 부모 역시 굉장히 불심이 깊었나 봐요. "네가 거룩하신 부처님의 제자가 된다고 하니 부모인 우리도 마음이 너무나 행복하구나. 그래, 출가를 하거라"하고 허락을 받습니다. 그래서 금재가 머리를 깎고 승복을 입고 출가를 하게 되죠. 처음에 출가를 하고 나서는 부처님보다 먼저 출가하신 선배스님들께 인사를 올립니다. 절을 하면서 인사를 올리는데 아이고 문제가 생겨버리네요.

스님한테 인사를 하려고 바닥에 손을 대고 절을 올리고 난 뒤 일어날 때마다 손바닥을 댔던 그 자리에 뭐가 있어요? 동전 두 닢이 나타나는 거예요. 그러니 스님들도 '이게 뭐지?' 했더래요. 절만 하면 동전 두 닢이 있으니까 말이죠. 또 옆에 있는 스님한테 절을 하고 땅바닥에 손을 짚고 일어나 보면 또 뭐가 있는 거예요? 동전 두 닢이 있는 거예요. 그래서 스님들 앞에 동전 두 닢이 수북하게 쌓였다고 합니다. 어쨌거나 동전 두 닢이 끊이지 않는 금재라는 스님은 부처님 밑에서 열심히 수행을 해서 결국 위대한 깨달음의 경지인 아라한과를 증득하게 됩니다. 모든 번뇌와 욕망이 사라진 위대한 성자가 되시죠. 그때 부처님의 시자였던 아난스님께서 부처님께 하루는 질문을 던집니다.

"금재스님 말입니다. 항상 주먹을 쥐고 펴면 동전 두 닢이 나오는데 도대체 전생에 어떤 업연이 있었기에 저렇게 주먹을 쥐었다가 펴면 동전 두 닢이 항상 나타나는 겁니까? 그 어떤 인연입니까?"라고 부처님께 질문을 던집니다.

부처님께서 "참으로 좋은 질문이다. 이것은 자기가 지은 업은 자기가 받는 인과의 업보이다. 그러니 너희들은 자세히 들어라"라고 말씀을 해주시면서 금재스님의 전생담을 이야기해주십니다.

머나먼 과거 전생에 석가모니 부처님이 세상에 출연하시기

공덕을 꽃 피우다

훨씬 이전에 또 다른 부처님 시대에 비바시불(불교의 과거칠불 중 첫 번째 부처)이라는 부처님이 계셨다고 합니다. 비바시라는 부처님시대 때 이 비바시 부처님께서 제자들과 함께 성 안에 들어가면 부처님과 스님들께 공양을 올려서 복을 짓고자 왕과 왕족과 귀족과 수많은 부자들이 부처님과 스님들께 진귀한 음식과 귀한 것들을 공양 올렸다고 합니다.

그때 어떤 나무꾼이 있었는데 이 나무꾼도 항상 부처님과 스님들께 공양을 올리고 싶었지만 아무것도 공양할 게 없었다고 합니다. 그렇다고 자기가 가지고 있는 별볼일 없는 것을 공양 올리면 다른 왕족이나 귀족들은 진귀한 것을 공양 올리는데 자기만 왠지 부끄러운 마음이 들어서 차마 공양을 올리지 못하고 멀리서 부처님과 스님들을 바라보기만 했다고 합니다.

나무꾼이 하루는 나무를 열심히 베서 그 나무를 팔고 나서 동전 두 닢을 얻었다고 합니다. 그래서 동전 두 닢을 가지고 집으로 가다가 저 멀리 부처님과 스님들께서 성 안에서 공양을 드시고 나서 사원으로 돌아가시는 모습을 보게 됩니다. 그때 고민에 빠져요. '부처님과 스님들께서 사원으로 돌아가시기 위해서 저렇게 고고하게 천천히 걷고 계시는구나. 지금 부처님 옆에는 아무도 없고 지금 내가 공양을 올리면 참으로 좋은 기회인데 아무것도 공양 올릴 게 없으니 어떡하면 좋을까?'하고 말입니다.

이렇게 생각하고 손을 봤더니 손에 뭐가 있어요? 동전 두 닢이 있었어요. '동전 두 닢, 이거라도 올릴까? 그런데 순간 이 것을 올리면 오늘 하루를 굶어야 된다'는 생각이 들어요. 그렇 잖아요. 하루 종일 나무를 베가지고 동전 두 닢을 얻어서 오늘 하루를 해결해야 되는데 순간 사람이 약한 마음이 드는 거예 요. 여러분들도 그런 생각 드신 적이 있을 거예요. 뭔가 지금 내가 복을 지어야 된다는 생각이 들다가도 뭔가 아까운 감정 이 들어서 손이 움츠러들거든요.

부처님 경전에 이런 구절이 있습니다. 부자는 수행하기가 힘든데, 그 이유는 즐길 게 너무 많다는 거예요. 반면 가난한 사람은 보시하기가 힘들다고 해요. 자기가 뭔가 쪼들리는 느 낌이 드니까 누군가에게 베풀기가 힘들다는 거예요. 이 나무 꾼도 동전 두 닢을 부처님께 올릴까, 말까 하다가 드디어 마음 을 다잡습니다. '내가 이렇게 힘들고 가난하고 괴롭게 사는 것 은 전생에 지어놓은 복이 없어서 그렇다. 그런데 지금도 내가 복을 짓지 않으면 다음 생에 또 가난하게 태어날 것이 아니냐. 오늘 하루를 희생하고 차라리 이것을 공양 올리자' 생각하고 부처님께 갑니다.

부처님 앞에서 무릎을 꿇고 "제가 가진 게 이 동전 두 닢밖 에 없습니다. 너무나 보잘 것 없어서 왕족과 귀족의 대우를 받

공덕을 꽃 피우다

는 부처님과 스님들께 이것을 올리는 것조차 너무 부끄럽습니다. 하지만 제가 이 동전 두 닢을 정성으로 올리니 이것을 받아주실 수 있겠습니까?"하고 말씀을 드리자 부처님께서는 "누구라도 정성으로 올린 공양물은 콩 한 쪽도 소홀하게 여기지 않는다. 이 정성스러운 동전 두 닢의 공양으로 그대는 세세생생 부유하게 살 것이다. 이 모든 게 그대의 업이다"하면서 그 동전 두 닢을 받으면서 미소를 보여주십니다.

나무꾼은 부처님 말씀에 엄청나게 감동을 느끼게 되고, 이때의 공덕으로 인해서 세세생생 태어날 때마다 아무리 돈을 쓰고 또 돈을 써도 줄어들지 않는 재복을 얻게 되었다고 합니다. 이와 같이 하늘세계와 인간 세계에서 엄청난 복을 누렸던 나무꾼이 결국 석가모니 부처님 시대에 동전 두 닢을 가진 금재라는 아이로 태어나게 되고 결국 부처님의 제자가 되어서 깨달음까지 성취하게 되었다는 이야기가 전해지고 있습니다.

저는 이런 생각을 해봅니다. 물론 부처님이 거짓말을 할 일이 없으니까 동전 두 닢을 정말 가지고 태어난 아이 이야기일 수도 있지만 또 다른 상징적인 의미에서 보면 흔히 그런 얘기가 있지 않습니까? 재복이 많은 아이는 태어날 때 손에 돈을 쥐고 태어난다는 그런 비유법을 쓰지 않습니까? 아마 동전 두 닢을 가지고 태어나서 동전 두 닢을 써도 써도 줄지 않았다는 것은 그만큼 전생에 지은 큰 공덕, 큰 재복을 가지고 태어난 아이라는 그런 상징적인 표현이 아니겠는가 싶습니다.

여러분, 살아가시면서 때때로 행복한 일이 생긴다면 그것은 여러분들이 지은 선업의 결과입니다. 살아가면서 답답하고 일이 잘 안 풀린다면 그 역시 내가 지은 악업의 결과일 뿐입니다. 그러니 우리에게 중요한 것은 지금 이 순간 내가 선업과 공덕을 어떻게 하면 더 많이 지을 것인지 진지하게 고민을 하고, 이를 실천하는 불제자의 자세를 가져야 한다고 여러분들에게 말씀드리고 싶습니다.

여러분, 행복해지고 싶습니까? 행복한 삶을 창조하고 싶습니까? 복을 지으십시오. 선업을 지으십시오. 공덕을 쌓으십시오. 복과 선업과 공덕의 힘이 여러분들을 진정한 행복의 길로 이끌어 줄 것입니다. 오늘 여기서 마치겠습니다. 소중한 나, 무한 행복!

공덕을
꽃 피우다

초판 1쇄 발행 | 2017년 6월 3일
초판 5쇄 발행 | 2022년 6월 28일

지은이	광우 스님
펴낸이	이정하
디자인	정제소

펴낸곳	스토리닷
주소	서울시 서초구 방배동 934-3 203호
전화	010-8936-6618
팩스	0505-116-6618
ISBN	979-11-952457-9-6

홈페이지	http://blog.naver.com/storydot
SNS	www.facebook.com/storydot12
전자우편	storydot@naver.com
출판등록	2013. 09. 12 제2013-000162

이 도서의 국립중앙도서관 출판예정도서목록(CIP)은 서지정보유통지원시스템 홈페이지(http://seoji.
nl.go.kr)와 국가자료공동목록시스템(http://www.nl.go.kr/kolisnet)에서 이용하실 수 있습니다.
(CIP제어번호: CIP2017011201)

보시 중 부처님 말씀을 전하는 법보시가 으뜸이라 하셨습니다.
가족과 주변분들에게 〈공덕을 꽃 피우다〉를 선물해보세요.
법보시로 대량 주문을 원하시는 경우 출판사로 연락주시면 고맙겠습니다.

스토리닷은 독자 여러분과 함께합니다.
책에 대한 의견이나 출간에 관심 있으신 분은 언제라도 연락주세요. 반갑게 맞이하겠습니다.

금강경 사구게

金剛經 四句偈

凡所有相 皆是虛妄
若見諸相非相
卽見如來

범소유상 개시허망
약견제상비상 즉견여래

무릇 형상이 있는 것은 모두가 다 허망하다.
만일 모든 형상이, 형상이 아님을 보면
곧 여래를 보리라.

不應住色生心
不應住聲香味觸法生心
應無所住而生其心

불응주색생심
불응주성향미촉법생심
응무소주이생기심

응당 모습에 머물러서 마음을 내지 말며,

성. 향. 미. 촉. 법에 머물러서 마음을 내지 말 것이요,

마땅히 머무르는 바 없이 마음을 낼 것이다.

若以色見我 以音聲求我
是人行邪道 不能見如來

약이색견아 이음성구아
시인행사도 불능견여래

만일 형상으로써 나(부처님)를 보려거나

음성으로써 나(부처님)를 구하면

이 사람은 삿된 도를 행하는 것이라

능히 여래를 보지 못하리라.

사
구
게
4

一切有爲法 如夢幻泡影
如露亦如電 應作如是觀

일체유위법 여몽환포영
여로역여전 응작여시관

일체 유위법은 꿈과 같고 환상과 같으며

물거품과 같고 그림자 같으며

이슬과 같고 번개와 같으니

마땅히 이와 같이 관찰할 것이다.

"우주를 다 채우고도 남을 정도로 많은 보배를 남에게 베푼 것보다,
이 금강경 중에서 사구게 하나만이라도 남에게 가르쳐 준 공덕이
더욱 위대하다."

- 〈금강반야바라밀경〉 중에서

― 불기   년   월   일

― 사경제자   합장

사경하신 사경지를 출판사 스토리닷에 보내주세요.
보내주신 사경지는 연말에 광우스님께 전달해서 회향 소진하겠습니다.